WAS IST WAS

Entdecker
BAND 5

und ihre Reisen

Neuer Tessloff Verlag

WAS IST WAS

Die Sterne
BAND 6

Neuer Tessloff Verlag

WAS IST WAS

Das Wetter
BAND 7

Neuer Tessloff Verlag

Neuer Tessloff Verlag

WAS IST WAS

Wilde Tiere
BAND 13

Neuer Tessloff Verlag

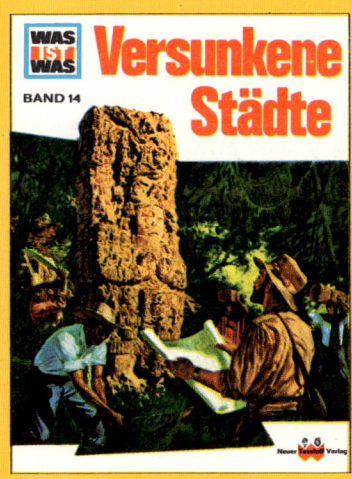

WAS IST WAS

Versunkene Städte
BAND 14

Neuer Tessloff Verlag

WAS IST WAS

Dinosaurier
BAND 15

Neuer Tessloff Verlag

WAS IST WAS

Planeten und Raumfahrt
BAND 16

Neuer Tessloff Verlag

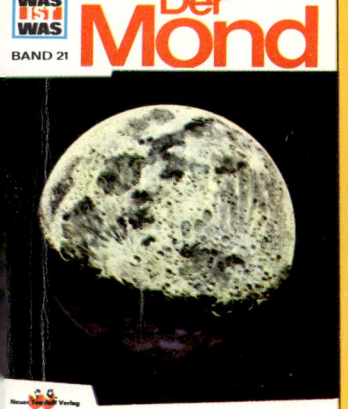

WAS IST WAS

Der Mond
BAND 21

Neuer Tessloff Verlag

WAS IST WAS

Die Zeit
BAND 22

Neuer Tessloff Verlag

WAS IST WAS

Von der Höhle bis zum Wolkenkratzer
BAND 23

Neuer Tessloff Verlag

WAS IST WAS

Elektrizität
BAND 24

Neuer Tessloff Verlag

WAS IST WAS

Berühmte Wissenschaftler
BAND 29

Neuer Tessloff Verlag

WAS IST WAS

Insekten
BAND 30

Neuer Tessloff Verlag

WAS IST WAS

BÄUME
BAND 31

Neuer Tessloff Verlag

WAS IST WAS

Meeres- kunde
BAND 32

Neuer Tessloff Verlag

Ein WAS IST WAS Buch

PILZE
Farne und Moose

von Amy Elisabeth Jensen
und Rose Marie Dähncke

Illustriert von Cynthia Iliff Koehler,
Alvin Koehler und Anne-Lies Ihme

Fotos von Rose Marie Dähncke

TESSLOFF VERLAG · HAMBURG

Vorwort

Unserer modernen Wissenschaft, die auf vielen verschiedenen Gebieten unsere irdische Welt und das Universum erforscht, verdanken wir umwälzende neue Einsichten. Viele neue Forschungszweige befassen sich mit Erscheinungen, die noch weithin unbekannt sind. Aber wir können auch die Wissenschaftler nicht entbehren, die scheinbar Altbekanntes neu erforschen. Vermittelt uns doch die Forschung nach der Vergangenheit unserer Erde und ihrer Lebewesen neue, erstaunliche Erkenntnisse über uns und unsere Welt.

Wissenschaftler, die das Studium des pflanzlichen Lebens betreiben, werden Botaniker genannt. Sie erforschen den inneren Bau, die Lebensabläufe, die Verwandtschaft und die Geschichte der Pflanzen. Das Studium der ältesten Pflanzen der Erde, der blütenlosen Pilze, Farne und Moose, hat zu bemerkenswerten Entdeckungen geführt. In mancher Hinsicht sind diese Pflanzen primitiv geblieben, doch zeigen sie erstaunliche Eigenschaften, vor allem in ihrer Fähigkeit zu überleben.

Das WAS IST WAS-Buch über Pilze, Farne und Moose enthält eine Fülle wissenschaftlicher Forschungsergebnisse im Bereich dieser interessanten, weit verbreiteten Pflanzen. Es erzählt auch von abergläubischen Vorstellungen und Sagen, die mit diesen uralten Mitgliedern des Pflanzenreichs verbunden sind. Für jeden, der botanische Neigungen hat, ist es ein wertvolles Nachschlagewerk, eine fesselnde Lektüre und eine Anregung zu weiterem Forschen.

Copyright © 1977 by Wonder Books, Inc.
Veröffentlicht in Übereinstimmung mit Wonder Books/
Grosset & Dunlap, Inc.
Alle deutschen Rechte bei
TESSLOFF VERLAG, Hamburg
ISBN 3 7886 0273/2

Inhalt

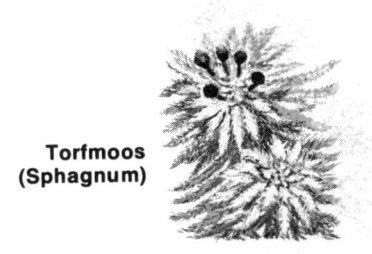

Torfmoos
(Sphagnum)

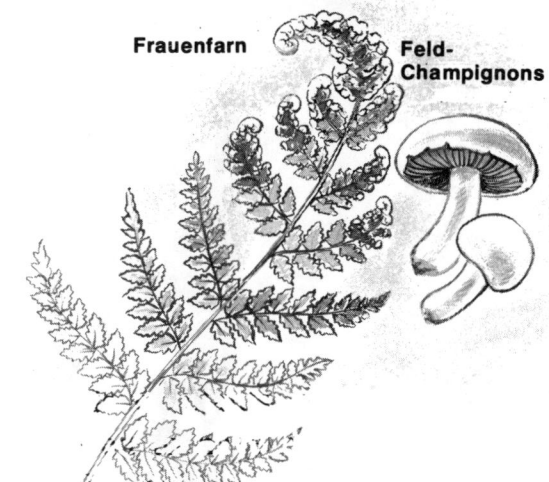

Frauenfarn Feld-
Champignons

Die blütenlosen Pflanzen

Alle lebenden Wesen werden in zwei „Reiche" eingeteilt: in das der Tiere und das der Pflanzen. Pilze, Farne und Moose gehören zum Pflanzenreich. Sie sind Angehörige einer sehr alten Pflanzengesellschaft; ihre Vorfahren reichen bis zum Urbeginn des Lebens zurück. Weil sie keine Blüten tragen, die Samen hervorbringen, werden sie blütenlose Pflanzen genannt. Bevor wir sie genauer betrachten, wollen wir einen Blick auf die Entwicklung der ersten Pflanzen werfen.

Das erste Leben bildete sich vor mehr als zwei Milliarden Jahren im Meer. Niemand weiß genau, wie diese Lebewesen aussahen und wie sie sich entwickelten. Es gibt aber Theorien darüber, die heute fast allgemein anerkannt sind.

Wo entstand das erste Leben?

Die einfachsten Urwesen waren wahrscheinlich weiche, geleeartige, farblose Zellen. Es ist anzunehmen, daß sie die Vorläufer der heute existierenden einfachsten Pflanzen waren. Sie besaßen keine festen Teile in ihrem Organismus; deshalb sind auch niemals Überreste oder Abdrücke dieser Urpflanzen gefunden worden. Heute kennen wir rund dreihunderttausend Pflanzenarten; sie alle haben sich aus solchen Einzellern entwickelt, die in den Meeren jener Zeitalter lebten, als die Erde noch jung war.

Als Jahrmillionen vorübergegangen waren, war bei den ersten Pflanzen eine entscheidende Veränderung geschehen: Sie hatten die Fähigkeit erworben, ihre Nahrung mit Hilfe des Blattgrüns, eines chemischen Stoffes, der auch Chlorophyll genannt wird, selbst herzustellen.

Wichtige Veränderungen: Chlorophyll und Zellkolonien

Die frühesten Wasserpflanzen waren Algen. Sie hatten keine Wurzeln, sondern nahmen ihre Nahrung direkt aus dem Wasser durch ihr Zellgewebe auf. Sie pflanzten sich auf einfache Weise fort (wie heute noch, nach vielen Millionen Jahren): Eine Zelle teilt sich in zwei Zellen; diese trennen sich wiederum in je zwei, und so geht es fort. Die grüne Trübung, die man bisweilen in stehenden Gewässern findet, rührt von einer solchen Algenart her, und das Wasser des Roten Meeres erscheint rot, weil eine Art der Roten Blutalge in ihm lebt. Der nächste Entwicklungs-

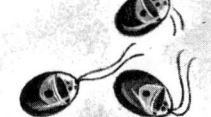

Einzellige Algen

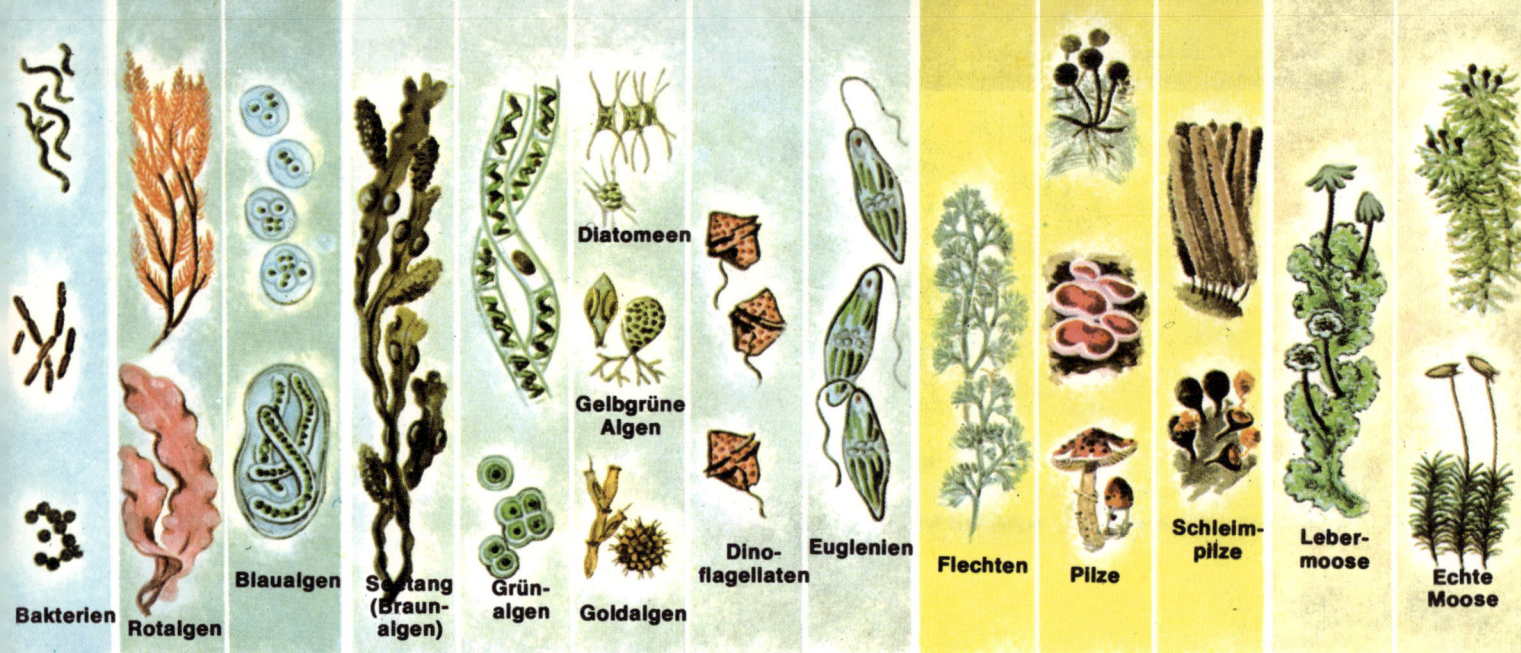

Bakterien · **Rotalgen** · **Blaualgen** · **Seetang (Braunalgen)** · **Grünalgen** · **Goldalgen** · **Diatomeen** · **Gelbgrüne Algen** · **Dinoflagellaten** · **Euglenien** · **Flechten** · **Pilze** · **Schleimpilze** · **Lebermoose** · **Echte Moose**

Keine Überreste lebender Organismen;
mögliche Ausnahmen:

Vorfahren der Blaualgen
(Erste Sauerstoff erzeugende Organismen)

Grünalgen – Geißelalgen
Erste Zellgebilde mit Blattgrün (Chlorophyll)

erste Bakterien   erste Algen

Vor mehr als einer Milliarde Jahren   Vor etwa 600 Millionen Jahren   Vor 425–515 Millionen Jahren

Tallophyten   Die einfachsten und ursprünglichsten Pflanzen.
Sie bilden keine Keimzellen, und die meisten leben im Wasser.

Präkambrium

Kambrium   Ordovizium

Erdaltertum

schritt bestand darin, daß die Zellen sich nach der Teilung nicht trennten, sondern Zellkolonien in Form von Klümpchen oder langen, schmalen Bändern bildeten. Weil keine Schutzeinrichtung sie vor dem Austrocknen bewahrte, konnten sie nur im Wasser existieren. Einige entwickelten kleine Fortsätze, mit denen sie sich am Grund des Meeres anhefteten. Diese Arten bekamen dadurch eine bessere Chance zum Überleben; denn l o s e Algen wurden oft von Wind und Wellen auf die nackten Felsen geworfen, wo sie vertrockneten und starben. Der Seetang, wie wir ihn heute kennen, ist ein Abkömmling dieser frühen Zellkolonien der Algen.

Die ersten Angehörigen des Pflanzenreichs, die auf dem Land lebten, waren moosartige Pflanzen. Sie erschienen viele Millionen Jahre später als die Wasserpflanzen. Es waren die Vorfahren der heutigen Lebermoose. Sie vollbrachten den ersten gewaltigen Schritt vom Wasser auf die felsigen Küsten und trotzten den Angriffen der neuen feindlichen Umwelt, indem sie sich ihr anpaßten. Die winzigen flachen, bandartigen Zellgebilde klammerten sich an die nackten, feucht dampfenden Felsgesteine und sogen mit allen Teilen ihrer Zellstruktur die

> **Was waren die ersten Landpflanzen?**

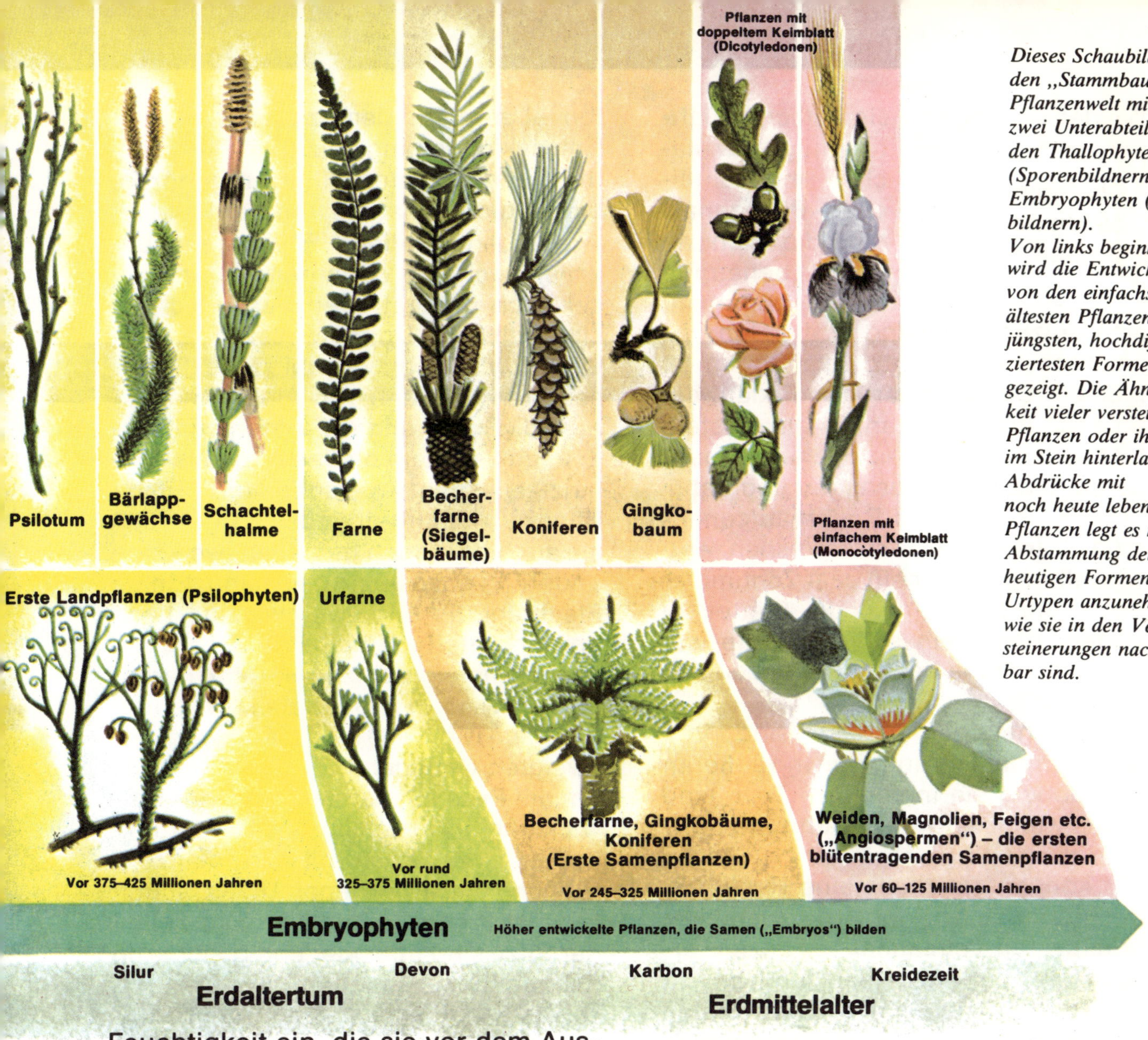

Pflanzen mit doppeltem Keimblatt (Dicotyledonen)

Psilotum

Bärlapp-gewächse

Schachtel-halme

Farne

Becher-farne (Siegel-bäume)

Koniferen

Gingko-baum

Pflanzen mit einfachem Keimblatt (Monocotyledonen)

Dieses Schaubild zeigt den „Stammbaum" der Pflanzenwelt mit seinen zwei Unterabteilungen, den Thallophyten (Sporenbildnern) und den Embryophyten (Samenbildnern).
Von links beginnend, wird die Entwicklung von den einfachsten, ältesten Pflanzen zu den jüngsten, hochdifferenziertesten Formen gezeigt. Die Ähnlichkeit vieler versteinerter Pflanzen oder ihrer im Stein hinterlassenen Abdrücke mit noch heute lebenden Pflanzen legt es nahe, eine Abstammung der heutigen Formen von Urtypen anzunehmen, wie sie in den Versteinerungen nachweisbar sind.

Erste Landpflanzen (Psilophyten)

Urfarne

Becherfarne, Gingkobäume, Koniferen (Erste Samenpflanzen)

Weiden, Magnolien, Feigen etc. („Angiospermen") – die ersten blütentragenden Samenpflanzen

Vor 375–425 Millionen Jahren

Vor rund 325–375 Millionen Jahren

Vor 245–325 Millionen Jahren

Vor 60–125 Millionen Jahren

Embryophyten Höher entwickelte Pflanzen, die Samen („Embryos") bilden

Silur	Devon	Karbon	Kreidezeit

Erdaltertum

Erdmittelalter

Feuchtigkeit ein, die sie vor dem Austrocknen schützte.
Schrittweise begannen die Pflanzen sich zu verändern. Sie entwickelten wurzelartige Fäden, mit denen sie sich auf den Felsen verankerten. Sie umgaben sich mit einer Zellhaut, die ihr kostbares Wasser vor dem Verdunsten bewahrte. Die so geschützten Zellkörper begannen kleinen Blättern zu ähneln. Die heutigen Lebermoose sind den frühen Formen sehr ähnlich. Man kann sie als die Zeugen aus den Urzeiten des Pflanzenreichs ansehen. Zur Fortpflanzung schütten sie Mengen von einzelnen Zellen, sogenannte Sporen aus, die auf feuchtem Boden zu neuen Pflanzen heranwachsen.

Zu den ersten Pflanzen, denen es gelang, außerhalb des Wassers zu leben, gehörten die Lebermoose. Sie besitzen wurzelähnliche Fasern und an Palmen erinnernde Fruchtträger.

Rechts – Parmelia, eine Flechte, die auf nacktem Fels gedeiht.

Links – ein vergrößerter Querschnitt zeigt Algen (grün) und Pilze (weiß).

Die Pflanzen bilden neue Organe

Wieder vergingen viele Millionen Jahre. Einige der flachen, moosähnlichen Pflanzenarten, die sich an Land behauptet hatten, begannen sich aufzurichten und in die Höhe zu wachsen, anstatt flach am Boden zu bleiben. Die wurzelartigen Fäden, die anfangs nur die Pflanzen am Gestein festhielten, begannen das lebenspendende Wasser aufzusaugen und dabei Mineralien aus dem Boden aufzunehmen. Zarte Pflanzenstämmchen entwickelten sich, nur ein paar Zentimeter hoch, um Nahrung in die Blätter zu tragen. Aber keines dieser Teile war schon im Sinne heutiger Pflanzen voll entwickelt.

Unsere heutigen Moose sind ihre Nachkommen; im inneren und äußeren Bau ähneln sie ihnen. Ihre Teile sind etwas weiter entwickelt, und die Fortpflanzung ist komplizierter.

Wir können als allgemeine Regel betrachten, daß auf der Erde zuerst die primitiveren, einfachen Pflanzen erschienen, die sich dann langsam zu vielfältiger gegliederten Organismen entwickelten, wie wir es beschrieben haben: zuerst einzellige Pflanzen im Wasser, dann Zellkolonien, darauf Zellorganismen mit Schutzvorrichtungen und wurzelartigen Verankerungen, später dann Wurzel, Stamm und Blatt in noch nicht voll entfalteten Formen. Einem solchen Entwicklungsgang entsprechend können wir erwarten, daß die nächsten Schritte zu kräftigeren Wurzeln, stärkeren Stämmen und breiteren Blättern führen. So geschah es auch. Das Pflanzenreich war noch klein; seine Formen waren noch primitiv; aber mit dem Entstehen der Moose war schon eine höhere Stufe der Entwicklung erreicht.

Einige besondere Pflanzenarten folgten aber nicht dem zu erwartenden Entwicklungsgang. Pilze und Flechten, die zu den ältesten Pflanzen gehören, bilden die Ausnahme von der Regel.

Wie unsere heutigen Flechten, besaßen auch ihre Vorfahren weder Wurzel noch Stengel oder Blatt. Flechten sind seltsame Doppelwesen. Sie werden durch zwei verschiedene Pflanzenarten gebildet, von Algen und Pilzen, die in so enger Partnerschaft leben, daß sie dem bloßen Auge als eine einzige Pflanze erscheinen. Beide Pflanzen helfen einander so gut, daß sie auch dort noch gedeihen, wo keine andere Pflanze überleben kann. Einige Flechtenarten bilden nur winzige, flach an der Unterlage haftende Fleckchen von grüner, grauer oder roter Farbe; andere werden größer als Moose und wachsen wie diese in lockeren und verzweigten Gebilden.

Als die Pilze entstanden, war ihre Entwicklung tatsächlich ein „Rückschritt"; verglichen mit den Pflanzenformen, die es in jener Urzeit schon gab, ist ihr Bau primitiver. Die Zellen der Pilze sind überwiegend gleichartig gebaut. Sie sind nicht für den Bau von Wurzeln, Stämmen oder Blättern unterschiedlich gebildet, und das Zellgewebe hatte keine äußere Schutzschicht. Weil Pilze auch keine Zellen haben, die Chlorophyll bilden, können sie ihre Nahrung nicht selbst herstellen; sie müssen sich deshalb ihre Nährstoffe von anderen Lebewesen verschaffen.

Pflanzen, die ihre Nahrung selbst herstellen, haben sich an bestimmte Umweltbedingungen angepaßt und sind – mit wenigen Ausnahmen – auf diese angewiesen, zum Beispiel auf das Klima oder auf einen bestimmten Boden. Sie können nicht gedeihen, wenn ihre Lebensbedingungen sich drastisch verändern. Der Pilz jedoch kann an allen nur möglichen Orten, unter fast jedem Klima, in vielen Formen und Größen, mit anderen Lebewesen verhaftet oder sogar in ihnen lebend, existieren. Er pflanzt sich fort, indem er Sporen auswirft.

Von allen blütenlosen Pflanzen gibt es die meisten Arten bei den Pilzen. Es gibt fünfmal soviel verschiedene Pilze wie es Flechten oder Moose gibt und fast zehnmal soviel Pilzarten wie Farne. Von etwa 100 000 Pilzarten haben Wissenschaftler mehr als 70 000 mit Namen bedacht. Einige Pilze sind so winzig, daß sie nur unter dem Mikroskop sichtbar sind, andere werden meterhoch; einige sind giftig, andere sind eßbar oder sonstwie nützlich für den Menschen. Sowohl der Schimmel, der das Brot ungenießbar macht, wie die Hefe, die den Teig aufgehen läßt, sind Pilze, aber auch das segensreiche Penicillin stammt von einem Pilz. Auch Mehltau, der als weißer Belag die Pflanzen krank macht, ist ein Pilz, ebenso wie unsere Speisepilze und die Giftpilze.

Unsere heutigen Bäume sind Samenträger. Sie erschienen erst spät in der Geschichte des Pflanzenreichs. Vor ihnen gab es Pflanzen,

> **Bäume ohne Samen: Schachtelhalm, Bärlapp und Farne**

welche die Entwicklungsstufe der Moose weiter fortgeführt hatten. Diese Pflanzen, die S c h a c h t e l h a l m e und B ä r l a p p g e w ä c h s e, entwickelten stärkere Wurzeln und höhere Stämme; sie zeigten einen feineren Bau der Blätter und wuchsen zu gewaltiger Höhe auf. Sie besaßen röhrenförmige Leitungsbahnen, in denen flüssige Nährstoffe transportiert wurden, und sie trugen eine dicke Außenschicht, die verhinderte, daß ihre Feuchtigkeit verdunstete. Schachtelhalme besitzen gegliederte Stämme

und schuppige Blätter, die in Quirlen um die Gliedabschnitte wachsen. Bärlappgewächse haben einfache, schlanke, auch zweigartige Stämme mit kleinen, schuppenartigen Blättern. Beide Pflanzen gehören zu den Blütenlosen; sie vermehren sich durch Sporen. Das unterscheidet sie von den sehr viel später kommenden Bäumen, die Blütenpflanzen sind. Die heutigen Schachtelhalm- und Bärlapparten sind nur zwergenhafte Abbilder im Vergleich zu ihren riesenhaften Vorfahren, die während der Steinkohlenzeit weite, üppige Wälder bildeten. Als während der Eiszeiten sich dann das Klima veränderte, waren die Pflanzen gezwungen, sich entweder diesen anderen Lebensbedingungen anzupassen oder zugrunde zu gehen. Die früheren riesigen Arten der Schachtelhalme und Bärlappgewächse verschwanden, und andere Arten entwickelten sich. Zu diesen neueren Arten gehören die Farne. Riesige Baumfarne wuchsen zahllos in den früheren Wäldern. Farne haben starke Stämme in der Erde, ein Röhrensystem für die Nährflüssigkeit, zähe Wurzeln und richtige, ausgebildete Blätter. Sie pflanzen sich durch Sporen fort.

Schachtelhalm

Bärlapp

Die Farne stellen das letzte Verbindungsglied zu den Blütenpflanzen dar, die im Pflanzenreich als die am höchsten entwickelten Organismen gelten. Sie sind also Spätlinge in der langen Geschichte der Entfaltung des Pflanzenreichs.

Unser WAS IST WAS-BUCH der Pilze, Farne und Moose will nun seine Leser mit den blütenlosen Pflanzen bekanntmachen, mit den Abkömmlingen jener frühen Pflanzen, die als Meilensteine auf dem Weg der Entwicklung des Pflanzenreichs gelten können.

Wir wollen mit den Pilzen beginnen, weil sie für den Menschen die wichtigste der drei Pflanzengruppen bilden.

Echtes Moos

Pfifferling *(Cantharellus cibarius)*
Roh: pfeffriger Geschmack

Steinpilz *(Boletus edulis)*
Weiße Netzzeichnung am Stiel

Maronenröhrling *(Xerocomus badius)*
Röhren auf Druck blau verfärbend

Rotkappe *(Leccinum testaceoscabrum)*
Festfleischig, schwärzliche Schuppen auf
weißem Stielgrund

Butterröhrling *(Suillus luteus)*
Abziehbare Huthaut, Ring am Stiel

Birkenröhrling *(Leccinum scabrum)*
Weichfleischig, bei Birken stehend

Unsere häufigsten und beliebtesten Speisepilze

Pilze

Pilze sind sehr interessante Pflanzen. Fast jeder, der sich ein wenig mit ihnen beschäftigt, möchte mehr und Genaueres über diese eigenartigen Gewächse wissen. Das gilt besonders für die vielen Wanderer, die zur Pilzzeit im Herbst die Wälder durchstreifen und Pilze suchen. Früher gingen meist nur arme Leute zum Pilzesammeln – von allen kostenlosen Früchten der Natur gehören die Pilze zu den nahrhaftesten. Heute ist Pilzesammeln für viele Leute ein Hobby: Es macht Spaß und ist erholsam, im Wald umherzustreifen. Pilze sind zudem eine Delikatesse, die durch andere, käufliche Lebensmittel kaum zu ersetzen ist.

Pilze gibt es in verwirrend vielen Arten, Formen und Farben. Es gibt wohlschmeckende, eßbare Pilze; es gibt schlecht schmeckende, ungenießbare Pilze, die gar nicht oder nur ganz schwach giftig sind; und es gibt einige wirklich lebensgefährliche Giftpilze. Wer Pilze sammelt, die er zu Hause oder draußen am Lagerfeuer zubereiten will, muß sich gründlich mit ihnen auskennen. Die Abbildungen dieser Seite zeigen Pilze unserer Wälder, die gut schmecken; am besten schmecken sie, wenn man verschiedene Arten mischt.

> **Warum werden Pilze gesammelt?**

Perlpilz *(Amanita rubescens)*
Zeigt irgendwo an Fleisch, Lamellen oder Stiel etwas Rosa; nicht verwechseln mit dem giftigen Pantherpilz

Speisemorchel *(Morchella esculenta)*
Hut ungleich wabig gekammert. Standort im Auwald, bevorzugt Kalkboden

Wiesen-Champignon *(Agaricus campester)*
Reife Lamellen braun, Stielbasis zugespitzt; nicht verwechseln mit dem giftigen Knollenblätterpilz

Parasol, Großer Schirmpilz
(Macrolepiota procera)
Schuppiger Hut, verschiebbarer Ring

Blutreizker, Fichtenreizker
(Lactarius deterrimus)
Bei Verletzung karottenrote Saftabsonderung

Grünling, Echter Ritterling
(Tricholoma flavovirens)
Mehlgeruch, Hut stark sandverklebt

Orangeroter Graustieltäubling
(Russula decolorans)
Festfleischig, mild im Geschmack

Nebelkappe, Herbstblattl
(Clitocybe nebularis)
Aufdringlicher Geruch, Spätherbstpilz

Maipilz *(Calocybe georgii)*
Starker Mehlgeruch, Frühjahrspilz

Violetter Ritterling *(Lepista nuda)*
Ganzer Pilz lila, Spätherbstpilz, vereinzelt im Mai

Scheidenstreifling *(Amanita fulva)*
Gebrechlich, Stiel hohl

Schopftintling *(Coprinus comatus)*
In Gruppen; alt zu „Tinte" zerfließend

Hallimasch *(Armillariella mellea)*
Büschelig an Holz, dicker Ring am Stiel

Nelkenschwindling *(Marasmius oreades)*
In Reihen und Kreisen auf Rasenflächen

Semmelstoppelpilz *(Hydnum repandum)*
Fleisch krümelig-brüchig, Stacheln leicht abwischbar

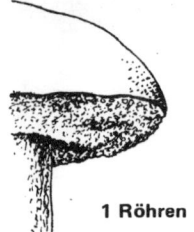
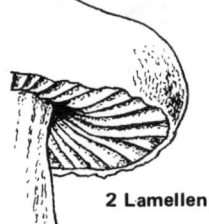
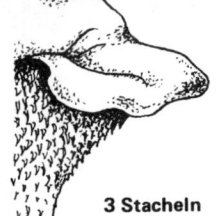
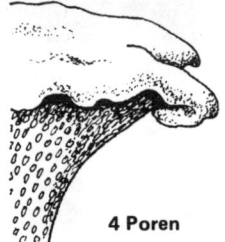
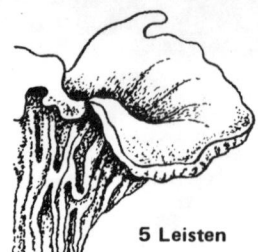

1 Röhren 2 Lamellen 3 Stacheln 4 Poren 5 Leisten

Unterschiedliche Fruchtlager auf der Hutunterseite

Ein Neuling beim Pilzesammeln muß

Wie heißen die einzelnen Teile des Pilzes?

wissen, wie die einzelnen Teile des Pilzes heißen, sonst kann er die Beschreibungen in einem Pilzbuch nicht verstehen. Diese Mühe ist unerläßlich, aber sie wird belohnt: Wie froh und stolz fühlt man sich, wenn man beim Sammeln schließlich mit Sicherheit eßbare Pilze erkennen und benennen kann.

Vergleicht man einige verschiedene Pilze, die man gefunden hat, bemerkt man, daß die Unterseite des Hutes sehr unterschiedlich aussehen kann. Entweder ist sie ein schwammartiges Polster, das aus lauter winzigkleinen Röhrchen besteht (Abb. 1), oder sie zeigt messerschneidenartige Gebilde,

Lamellen genannt (Abb. 2), oder auch auffällige, leicht abwischbare Stacheln (Abb. 3); Schichten von Poren (Abb. 4) und Leisten (Abb. 5) sind seltener als Röhren und Lamellen, doch ist zum Beispiel der beliebte Pfifferling ein Leistenpilz.

An oder in diesen verschiedenartigen Gebilden unter dem Hut des Pilzes wachsen gut verborgen die staubfeinen Sporen heran, die Fortpflanzungsorgane der Pilze. Die Wiege der zarten Sporenkinder ist wettergeschützt, und der Platz reicht bei einem Pilz für Millionen von Sporen. Die Sporen sind so klein, daß schon auf einer glatten Hutunterseite Tausende Platz fänden; durch Röhren, Lamellen und ähnliche Formen vergrößert sich die Oberfläche um ein Vielfaches. Die Abbildung 1 auf Seite 18 zeigt, wie eine Lamelle rundherum mit Sporenständern und Sporen bekleidet ist; ebenso ist es bei Leisten und Stacheln. Bei Röhren und Poren bilden deren Innenwände die Sporen- oder Fruchtschicht. Allein nach der unterschiedlichen Beschaffenheit der Hutunterseite kann man die Pilze in fünf große Gruppen einteilen: Röhrlinge, Porlinge, Lamellen- oder Blätterpilze, Leistenpilze und Stachel- oder Stoppelpilze.

Hutfleisch

Pusteln, Flocken (Hüllreste)

Huthaut

Hutunterseite

Lamelle

Stielspitze

Manschette

Geriefter Hutrand

Stiel

Natterung

Geriefte Manschette

Scheide (Rest von Gesamthülle)

Stielbasis

Findet man einen Lamellenpilz, auf dessen Hut sich Hüllreste befinden, so kann man ihn in die große Familie der Knollenblätterpilze oder Wulstlinge einreihen, von denen einige Arten eßbar, andere aber

Wie entstehen Hüllreste, Scheide und Manschette?

sehr giftig sind. Nur diese Familie hat so deutlich sichtbare Flocken, Warzen oder Pusteln auf dem Hut. Der junge Pilz aus dieser Familie ist völlig von einer Hülle umgeben und sieht einem Ei ähnlich. Wenn der Pilz wächst und sich streckt, platzt die Hülle auf, Rückstände bleiben meist auf dem Hut, aber auch an der Stielbasis haften. Am Stiel bilden sie eine Hauttasche, die sogenannte Scheide.

Knollenblätterpilze oder Wulstlinge haben außerdem eine zweite Hülle, die Teilhülle. Sie spannt sich von der Stielspitze zum Hutrand und schützt die jungen Lamellen. Beim Aufschirmen des Hutes reißt diese Teilhülle am Hutrand ab und bleibt als Manschette am Stiel hängen. Diese Teilhülle gibt es auch bei anderen Pilzfamilien (Beispiele: Champignon und Hallimasch), doch heißt deren Rückstand Ring, denn er ist schmaler und daher einem Ring ähnlicher als einer hängenden Manschette.

Wie entwickelt sich ein Pilz?

An einem ausgewachsenen Pilz oder in seinem Innern (so beim Bovist) entstehen Millionen Sporen. Wenn sie reif sind, fallen sie zur Erde oder werden herausgeschleudert, und der leiseste Windhauch trägt sie fort. Natürlich wird nicht aus jeder Spore ein neuer Pilz – der gesamte Erdboden wäre sonst dicht mit Pilzen besetzt, und wir brauchten nicht nach Pilzen zu suchen. Viele Bedingungen müssen erfüllt werden, damit sich die Spore zu einer neuen, fruchttragenden Pilzpflanze entwickeln kann. Sie braucht die richtige Feuchtigkeit und Wärme, und jede Art stellt besondere Ansprüche an die Beschaffenheit des Bodens (kalkig, sandig oder sauer), an die Höhenlage und die pflanzliche Umgebung – unter Bäumen wachsen andere Pilze als auf einer Wiese. Hat eine Spore aber den ihr zuträglichen Platz gefunden, dann bildet sie feine, zarte, schlauchartige Zellen, sie „keimt", je nach Pilzart, unter der Erde, im Laub oder im toten Holz. Sind die Verhältnisse günstig, wächst dort die eigentliche Pilzpflanze heran, das Myzel oder Myzelium. Man kann es entdecken, wenn man im Herbst das moderne Laub umkehrt oder morsche Rinde löst.

Das Pilzgeflecht ist weiß und haarfein und bildet ein verflochtenes Netzwerk mit kleinen Knötchen. Aus diesen Knötchen wächst später der oberirdische Pilz, der nur der Fruchtkörper der unterirdischen Pflanze ist. An oder in ihm reifen wiederum die Sporen zur Fortpflanzung heran. Je nach Pilzart dauert die Entwicklung von der Spore bis zum Myzel unterschiedlich lange, und der sporentragende Pilz kann schnell oder langsam wachsen und wieder vergehen. Tintlinge kommen und verschwinden manchmal an einem Tage; der Steinpilz braucht einige Tage, bis er ausgewachsen ist, und kann dann eine Woche oder länger stehen, bis die Zersetzung beginnt. Manche Myzelien sterben bald ab, weil die Nährstoffe verbraucht sind oder weil ihre Umgebung sich verändert; andere können Jahrzehnte überdauern.

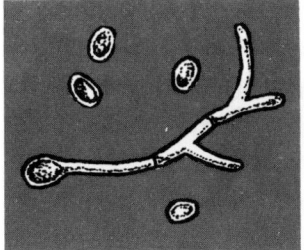

Auskeimende Spore

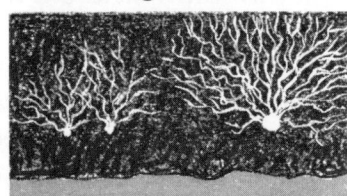

Myzelium in der Entwicklung

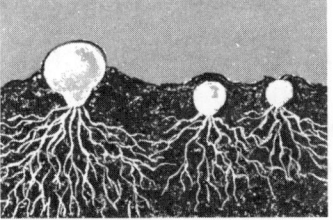

Knospen durchbrechen die Oberfläche

Der reife Pilz schüttet seine Sporen aus

Nicht alle Pilze sind eßbar. Weil manche Pilzarten giftig sind, scheuen sich viele Menschen, Pilze zu essen oder gar selbst zu sammeln – und berauben sich damit großer Genüsse. Tatsächlich läßt sich weder am Geschmack noch am Geruch erkennen, ob ein Pilz giftig oder eßbar ist, und die giftigen Pilze wachsen auch an ähnlichen Plätzen wie die eßbaren. Auch im Aussehen ähneln sich einige Arten, so daß ein ungeübtes Auge auf den ersten Blick nicht feststellen kann, ob ein Pilz eßbar ist oder nicht. Man muß sie eben kennen!

Welches sind die gefährlichsten Giftpilze?

Zum Glück gibt es nur sehr wenige Pilze, deren Gift so gefährlich ist, daß ein gesunder Mensch daran sterben kann. Das sind: der Grüne Knollenblätterpilz, der Kegelhütige Knollenblätterpilz und der – bei uns sehr seltene – Orangefuchsige Hautkopf. Diese drei aber sind wirklich tödlich giftig! Die beiden genannten Knollenblätterpilze sind besonders heimtückisch, weil sie gut schmecken und weil die ersten Anzeichen der Vergiftung erst 6–24 Stunden nach der Mahlzeit auftreten, wenn das Gift ins Blut übergegangen ist. Ein einziger Pilz kann eine ganze Familie umbringen. Andere Giftpilze sind längst nicht so gefährlich, es sei denn, sie werden in großen Mengen gegessen oder der Betroffene ist durch eine Krankheit geschwächt. Unangenehm genug sind aber doch die Folgen ihres Verzehrs: Übelkeit, Erbrechen, Durchfall. Meist gehen diese Zustände mit ärztlicher Hilfe oder auch von selbst bald vorüber und hinterlassen keine späteren Schäden.

Jede Vergiftung durch Pilze läßt sich jedoch vermeiden, wenn folgende Gebote eingehalten werden:

- Keine Pilze probieren, die man nicht mit Sicherheit als eßbar erkennt!

1 Grüner Knollenblätterpilz (*Amanita phalloides*) **TÖDLICH GIFTIG!**
Standort meist bei Jungeichen. Hut 6–12 cm Durchmesser, olivgrün mit dunkler Faserung, meist ohne Hüllreste, manchmal ein Fetzen der Gesamthülle auf dem Hut. Lamellen weiß bis ins Alter. Stiel weißgrundig, oft grünlich oder silbrigweiß gescheckt; Manschette im oberen Drittel; Stielbasis verdickt mit offen abstehender Scheide. Geruch süßlich.

2 Kegelhütiger Knollenblätterpilz (*Amanita virosa*) **TÖDLICH GIFTIG!**
Standort im Nadelwald, ziemlich selten. Hut 4–7 cm Durchmesser, kegelförmig, weißlich bis creme. Lamellen weiß-creme bis ins Alter. Stiel weiß, oft schuppig aufgerissen, dünne Manschette im oberen Drittel, die bald abfallen kann; Stielbasis leicht verdickt mit anliegender Scheide. Geruch widerlich.

3 Pantherpilz (*Amanita pantherina*)
Hutrand gerieft; Manschette ungerieft (im Gegensatz zum eßbaren Perlpilz); Stielbasis mit Scheidenwulst.

4 Riesenrötling (*Rhodophyllus sinuatus*)
Übler, drogenartiger Geruch.

5 Kegeliger Rißpilz (*Inocybe fastigiata*)
Hut faserig, aufspaltend.

6 Ziegelroter Rißpilz (*Inocybe patouillardii*)
Frühlingspilz. An Verletzungen und im Alter ziegelrot verfärbend.

7 Fliegenpilz (*Amanita muscaria*)
Kann auch ohne Hüllrest und in anderen Farben auftreten: Braun, Orange, Gelb.

8 Bleiweißer Trichterling (*Clitocybe cerussata*)
Wächst im Spätsommer in Gruppen und Kreisen.

9 Tigerritterling (*Tricholoma pardinum*)
Braun- und auch grauschuppig. Schon ein kleines Stück roh gegessen führt zu starkem Erbrechen.

10 Satansröhrling (*Boletus satanas*)
Ist so schwach giftig, daß er gut durchgekocht keine nennenswerten Beschwerden verursacht.

11 Kahler Krempling (*Paxillus involutus*)
Wurde viel gegessen, hat aber in einigen Fällen zum Tode und mehrmals zu schweren Schädigungen geführt, so daß er jetzt als Giftpilz gilt.

12 Frühjahrslorchel (*Gyromitra esculenta*)
Frühjahrspilz. Giftiger Bruder der zur gleichen Zeit erscheinenden eßbaren und sehr guten Morchel.

- Auch die besten Speisepilze können giftig sein, wenn sie zu alt sind oder gar Faulstellen haben. Darum nur Pilze mit festem Fleisch sammeln!
- Pilze nicht in Plastiktüten transportieren! Darin werden sie durch rasch beginnende Eiweißzersetzung giftig. Am besten sind sie in Körben aufgehoben.
- Pilze zu Hause kühl und luftig lagern, möglichst schnell verarbeiten und gleich verzehren, sofern man sie nicht trocknet und einweckt.
- Keine rohen Pilze essen! Viele gute Speisepilze sind roh giftig.

Giftpilze

1

2

3

4

5

6

7

8

9

10

11

12

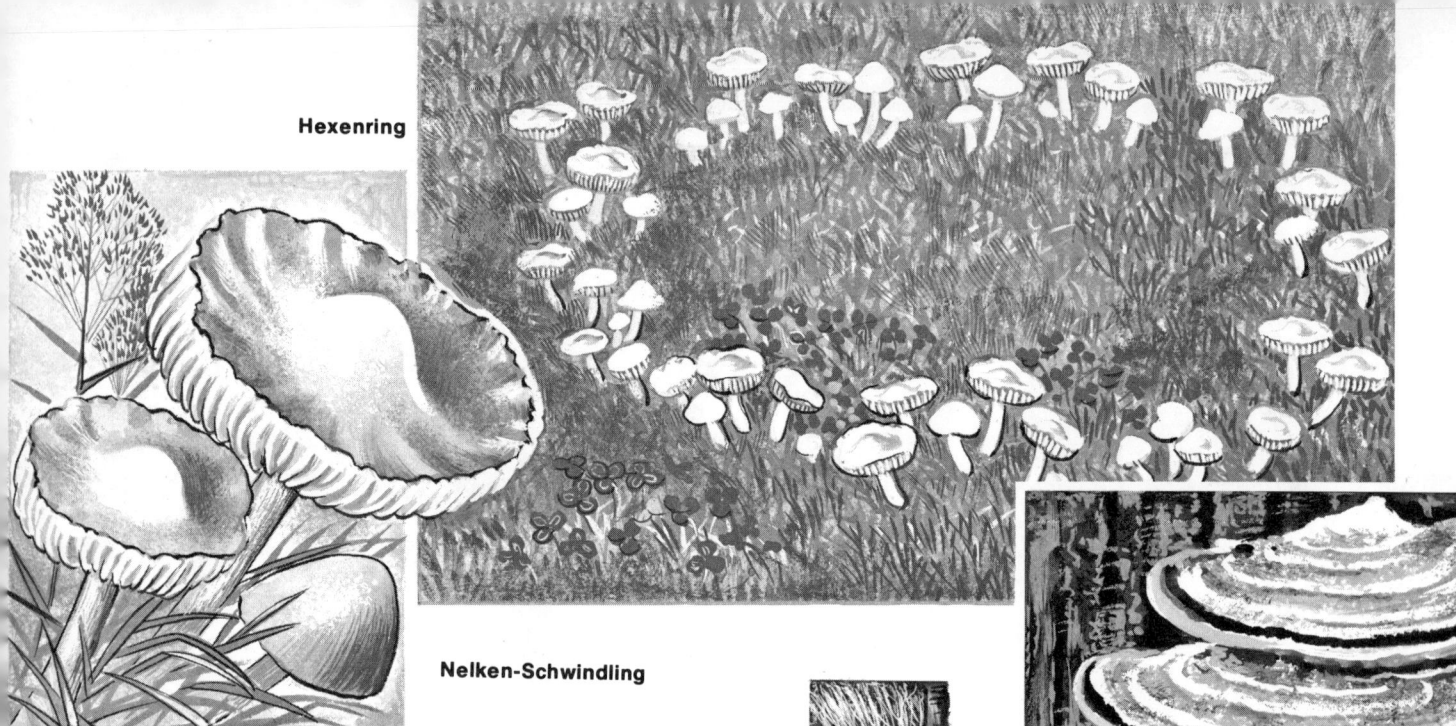

Hexenring

Nelken-Schwindling

Porling am Stamm

Dieser Längsschnitt zeigt, wie das Myzelium eines Baumpilzes im Holz wuchert.

Pilze können überall wachsen. Wir finden sie in unseren Laub- und Nadelwäldern, auf Wiesen und Weiden, in Parks und Gärten. Es gibt

Wo und wie wachsen Pilze?

aber auch Pilze – und zwar mit Hut und Stiel! – auf Tannen- und Kiefernzapfen, auf Schmetterlingspuppen oder auf alten Pilzen. Diese sonderbare Lebensweise erklärt sich daraus, daß Pilze im Gegensatz zu anderen Pflanzen kein Blattgrün (Chlorophyll) besitzen. Sie müssen ihre Nahrung deshalb den vorhandenen pflanzlichen oder tierischen Stoffen entnehmen. Leben Pilze von toten Stoffen, spricht man von Fäulnisbewohnern (Saphrophyten); befallen sie lebende Wirte, seien es Pflanzen oder Tiere, handelt es sich um Schmarotzerpilze (Parasiten). Ein Parasit ist zum Beispiel der eßbare Hallimasch (Seite 9), der auch auf lebenden Fichten wächst und diese allmählich zerstört; er ist ein gefürchteter Forstschädling.

Es gibt aber auch echte Lebensgemeinschaften von Pilz und Baum, die beiden Beteiligten nützen. Das Myzel mancher Pilze, die nur unter ganz be-

stimmten Bäumen wachsen, umspinnt die feinen Wurzelausläufer des Baumes und führt ihnen Stoffe aus der Erde zu, die der Baum allein nicht erschließen und aufnehmen kann. Der Pilz wiederum bekommt vom Baum Nährstoffe, die er sich nicht selbst beschaffen kann. Ohne den Baum könnte der Pilz nicht leben, und ohne den Pilz würde der Baum nicht so gut gedeihen. Jeder Pilz hat seine eigene Art des Erscheinens: einzeln, gesellig in kleinen Gruppen, büschelig (mehrere Pilzstiele zweigen von einem gemeinsamen Ansatz ab), rasig (dann stehen die Pilze wie dicht gesät), in Reihen oder in Kreisen. Früher spann sich gerade um die im Kreis wachsenden Pilze ein Aberglaube: Sie wurden „Hexenringe" oder „Elfenringe" genannt. Die einen meinten, wer sich in diesen Kreis stellt, sei vor Hexen sicher; andere glaubten, in

14

Der Champignon wird in Pilzzüchtereien in großen Mengen geerntet

der „Hexenring", desto älter ist die Pilzpflanze. Es gibt „Hexenringe", deren Alter auf mehr als hundert Jahre geschätzt wird.

Schon von altersher haben die Menschen versucht, Pilze zu züchten. Die delikaten Trüffel, die in Frankreich wachsen, gedeihen nur an Eichenwurzeln. Daher pflanzt man in geeignetem Boden junge Eichen und legt dort Pilzkulturen an; nach fünf Jahren kann man dann die ersten Trüffel ernten.

<table>
<tr><td>Wie werden Pilze gezüchtet?</td></tr>
</table>

Seitdem man die Zusammenhänge zwischen dem Wachstum der Pilze und der erforderlichen Boden- und Klimabeschaffenheit kennt, werden Pilze in Massen zum Verkauf gezüchtet. Fast überall auf der Welt ist der Champignon zum Zuchtpilz geworden; er wurde aus dem wild wachsenden Zweisporigen Champignon entwickelt. Dazu ist allerlei Aufwand nötig. Das Bild zeigt, wie eine Champignonzucht aussieht. Der vorbehandelte Kompost wird in flachen Kästen ausgebreitet. Künstlich zum Keimen gebrachte Sporen werden hineingebracht: aus ihnen entwickelt sich das Myzel. Es wächst bei gleichmäßiger Temperatur und Luftfeuchtigkeit und bei künstlicher Belüftung schnell heran und bildet einige Tage lang Fruchtkörper. Alle sechs Wochen muß die ganze Anlage erneuert werden.

Champignons werden in geschlossenen Hallen gezüchtet und brauchen besondere Pflege. Anders ist es bei einigen holzbewohnenden Pilzen. Welche Holzart sie bevorzugen, hat man in der Natur beobachtet. Von Stockschwämmchen, Austernseitling, Samtfußrübling (Abbildung Seite 16, Nr. 1, 2, 3) wird Pilzbrut hergestellt, die man

diesen hübschen Kreisen tanzten im Mondlicht die Elfen des Waldes. Heute wissen wir, wie diese Pilzringe entstehen: Das unterirdische Myzel bestimmter Pilzarten breitet sich kreisförmig aus. An seinen Rändern trägt es die Fruchtkörper, in der Mitte stirbt es ab und wächst nach außen weiter, und zwar jedes Jahr ein Stück. Der Kreis, wo die Pilze zuletzt gestanden haben, ist durch Nährstoffverbrauch oder auch durch Ausscheidungen des Pilzes heller oder dunkler grün als die Umgebung; im Gras der Weiden ist es schon weithin erkennbar. Es gibt Pilzfreunde, die mit viel Geduld vom Frühjahr an diese Kreise beobachten, um im Herbst festzustellen, um welchen Pilz es sich handelt. Beispiele für dieses kreisförmige Myzelwachstum sind: Nelkenschwindling, Parasol, Steinpilz, Violetter Ritterling (Seite 8 und 9), Riesenkrempen-Trichterling. Je größer

Pilzzucht in der Freiland-Anlage

1 Stockschwämmchen

2 Austernseitling

3 Samtfußrübling

4 Shiitake

kaufen kann. Man trägt sie auf dicke Scheiben des entsprechenden Holzes auf. Eine zweite Holzscheibe wird daraufgelegt, alles mit Moos abgedeckt und möglichst feucht gehalten. Schon nach einem Jahr kann man mit einer Pilzernte rechnen.

Besonders interessant ist der japanische Shiitake (siehe auf dieser Seite), der in seiner Heimat seit 2000 Jahren auf Holzknüppeln gezüchtet wird; heute ist er ein wichtiger Exportartikel Japans. Bei uns gedeiht er sogar im Winter draußen im Freiland, wie überhaupt die vorgenannten Arten im Garten und nicht in geschlossenen Räumen gezüchtet werden. Auf einem Beet aus sehr feuchtem, festgetretenem Stroh läßt sich problemlos und mit gutem Erfolg der Rotbraune Riesenträuschling züchten.

Bisher haben wir uns nur mit Pilzen befaßt, die deutlich in Hut und Stiel gegliedert sind — also mit Hutpilzen. Es gibt aber noch viele Pilze,

Welche Formen können Pilze noch haben?

die ganz anders gestaltet sind. Sie können becherförmig oder knollig sein, wie Blätter oder wie kleine Keulen aussehen. Wir wollen sie alle unter der Bezeichnung „Nichthutpilze" zusammenfassen. Unter ihnen gibt es eßbare, ungenießbare und giftige Arten, genau wie bei den Hutpilzen.

Manche Nichthutpilze haben noch ganz besondere Merkmale. Zum Beispiel entwickeln sich ihre Sporen in Schläuchen und sitzen nicht an Ständern wie bei anderen Pilzen (siehe Abbildungen Seite 18). Diese Schläuche sind aber so winzig, daß man sie nur unter dem Mikroskop erkennen kann. Die hier gezeigten Nichthutpilze sind eine Auswahl von vielen; es sind die Arten, die wohl am häufigsten vorkommen.

Nichthutpilze

Orangeroter Becherling *(Peziza aurantia)*
Eßbar, auf Kieswegen

Hasenohr *(Otidea leporina)*
Eßbar, in Nadelwald

Judasohr *(Auricularia auricula-judae)*
Eßbar, an alten Holunderbäumen

Hasenbovist *(Calvatia utriformis)*
Jung eßbar, auf Viehweiden

Herbsttrompete
(Craterellus cornucopioides)
Eßbar, truppweise im Buchenwald

Tiegel-Teuerling *(Crucibulum laeve)*
Unverwendbar, an faulendem Nadelholz

Tintenfischpilz *(Anthurus archeri)*
Ungenießbar, wärmeliebend, daher nur im
südlichen Deutschland

Abgestutzte Keule
(Clavariadelphus truncatus)
Nicht schmackhaft, in Nadelwald auf Kalk

Schöne Koralle *(Ramaria formosa)*
Giftig

Krause Glucke *(Sparassis crispa)*
Eßbar, bei alten Kiefern

Hexenbutter *(Exidia glandulosa)*
Ungenießbar, auf gefällten Laubbäumen

Kopfige Kernkeule *(Cordyceps capitata)*
Auf Hirschtrüffel, unverwendbar

 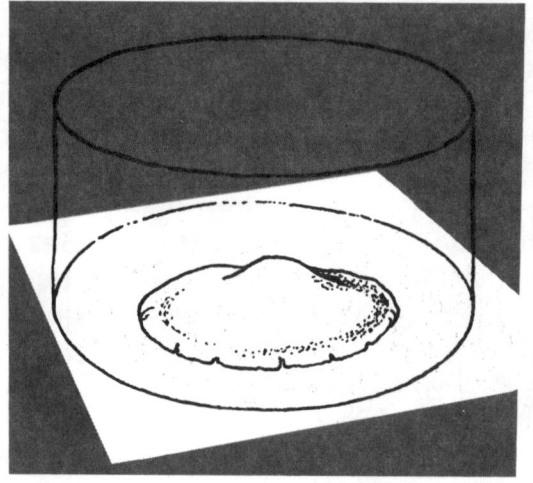 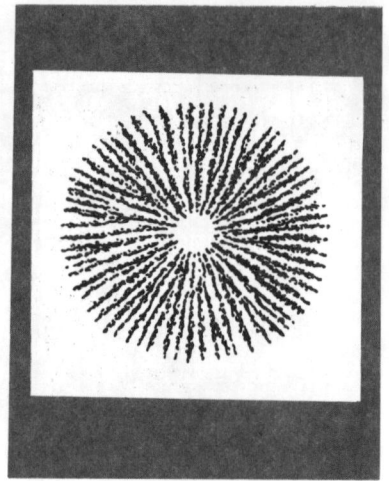

So wird ein Sporenbild hergestellt

Manchmal ist es wichtig, die Farbe des Sporenpulvers zu erkennen, etwa um Pilze zu bestimmen oder auch, um zwei äußerlich sehr ähnliche Pilze voneinander zu unterscheiden. Zum Beispiel kann manchmal ein giftiger Grüner Knollenblätterpilz einem eßbaren Wiesen-Champignon zum Verwechseln ähnlich sein. Man weiß aber, daß Knollenblätterpilze weißes Sporenpulver haben, der Champignon jedoch dunkelbraunes. An der Hutunterseite ist das nicht ohne weiteres zu erkennen. Um ausreichend Sporenpulver für die Farbbestimmung zu bekommen, wird der vom Stiel abgeschnittene reife Pilzhut mit den Lamellen nach unten auf ein weißes Blatt Papier gelegt; ein Glas wird darüber gestülpt, damit die für den Sporenabwurf nötige Feuchtigkeit erhalten bleibt. Nach einigen Stunden sind so viele Sporen herausgefallen, daß man ihre Farben erkennen kann. Außerdem hat man ein interessantes, formgetreues Abbild der Lamellenanordnung. Man kann dieses Sporenbild mit Haarspray fixieren und zum Vergleich bei späteren Experimenten mit anderen Pilzarten benutzen.

Wie kann man die Sporenfarbe sichtbar machen?

Wir haben erfahren, daß die Sporen- oder Fruchtschichten sich bei den Hutpilzen an Röhren, Poren, Lamellen, Leisten oder Stacheln befinden. Um zu sehen, wo die Sporen sitzen, untersuchen wir eine Fruchtschicht unter dem Mikroskop. Abbildung 1 zeigt den Querschnitt einer Lamelle mit Gewebezellen im Innern und sterilen und fruchtbaren Zellen am Rande. Die Sporen sitzen, meist zu viert, auf kleinen Trägern an dem Ständer (Abbildung 2). Die große Gruppe

Wo sitzen die Sporen?

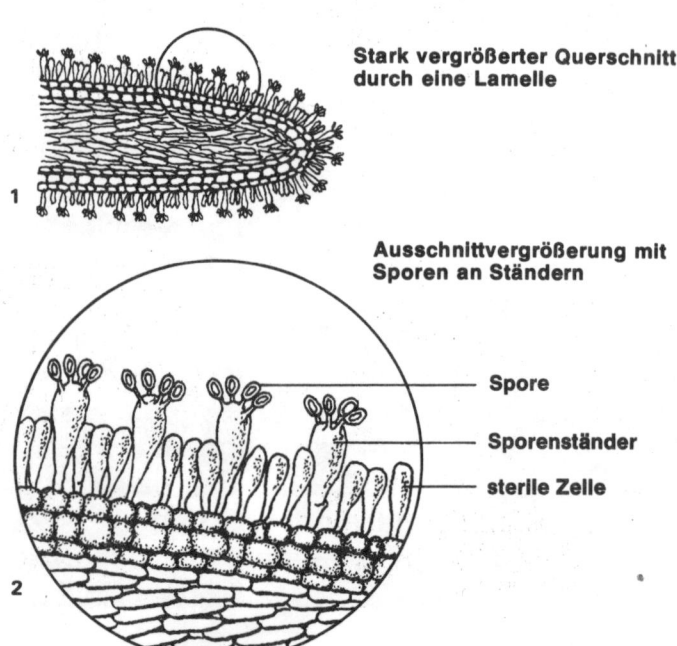

Stark vergrößerter Querschnitt durch eine Lamelle

Ausschnittvergrößerung mit Sporen an Ständern

Spore

Sporenständer

sterile Zelle

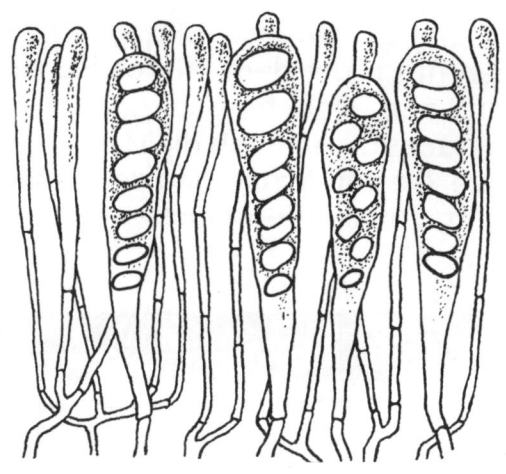

Sporen in Schläuchen

der Pilze, bei denen die Sporen auf diesen Ständern heranreifen, nennt man die Ständerpilze (Basidiomyzeten). Die Pilze, bei denen die Sporen in Schläuchen gelagert sind, haben die wissenschaftliche Bezeichnung Ascomyzeten. Die Ständersporen werden, wenn sie reif sind, abgeworfen, die Schlauchsporen durch eine Öffnung ausgestoßen.

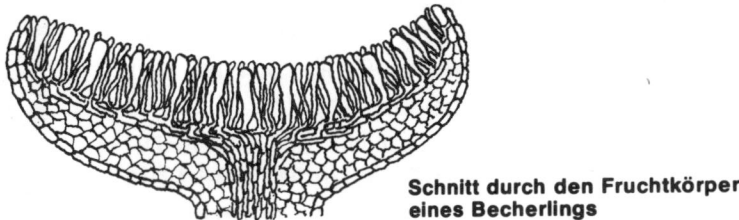

Schnitt durch den Fruchtkörper eines Becherlings

Ratschläge für Pilzsucher

Wie man sich vor Pilzvergiftung schützt, wurde schon auf Seite 12 beschrieben. Man nimmt weder zu alte Pilze noch zu unentwickelte, die schwer zu bestimmen sind. Zu alt ist ein Pilz, wenn sein Fleisch schwammig ist und die Röhrenpolster oder Lamellen nicht mehr appetitlich aussehen — beim einwandfreien Pilz sollte man sie nicht entfernen. Ein als eßbar erkannter Pilz wird dicht über dem Erdboden abgeschnitten — so wird das Myzel nicht beschädigt. Dann untersucht man ihn sogleich nach Madengängen; wenn es sich noch lohnt, schneidet man die zerfressenen Stellen heraus. Auch eine schleimige Huthaut, wie sie Butterpilz und Kuhmaul haben, wird gleich abgezogen, damit sie das übrige Sammelgut nicht verklebt.

Es kann vorkommen, daß sich unser mitgebrachter Korb bei unerwartetem Pilzsegen als zu klein erweist. Er läßt sich leicht vergrößern: Man schneidet Heidelbeerbüsche oder Reiser von Birken oder Büschen ab, stutzt sie zurecht und steckt sie senkrecht nebeneinander in die Flechtmaschen des Korbes — so faßt er einige Pfund mehr.

Die gesammelten Pilze sollte man nicht für längere Zeit in den Kofferraum eines Autos stellen — sie brauchen kühle frische Luft. Zu Hause werden sie am besten gleich verarbeitet; das fertige Gericht, im Kühlschrank aufbewahrt, kann man am nächsten Tag aufwärmen. Sollen die Pilze erst am andern Tag zubereitet werden, läßt man sie ausgebreitet auf dem Balkon oder im Keller liegen.

Zahllose Pilze spielen in unserem täglichen Leben eine wichtige Rolle, ohne daß wir sie bemerken oder als Pilze erkennen. Wer denkt bei Brot und Kuchen schon an den Hefepilz, der zum Backen verwendet wurde? Eine andere Gattung der Hefepilze bewirkt die Gärung bei Wein, Bier und anderen alkoholischen Getränken.

Viele andere Pilze können großen Schaden anrichten. Eine Sorge der Landwirte sind die Brandpilze, die das Getreide befallen. Der Maisbrand kann auf Blättern und Blüten im Maisfeld bis faustgroße Gebilde hervorrufen, die mit Sporen gefüllt sind. Wirklich gefährlich ist das Mutterkorn, ein Schlauchpilz, der auch Hungerkorn genannt wird. Bevor man von seinem Gift wußte, gelangte der Schmarotzer mit dem gedroschenen Getreide in die Mühlen und wurde mit dem Brot verzehrt. Im Mittelalter verursachte das Mutterkorn Tausende von Todesfällen. Heute besteht diese Gefahr nicht mehr – im Gegenteil: Das Mutterkorn und auch der Maisbrand werden künstlich gezüchtet und zu Medikamenten verarbeitet, die in kleinsten Mengen verabreicht, bestimmte Krankheiten heilen können.

Ähnlich ist es mit den Schimmelpilzen, von denen es viele Arten gibt. Als fädige, krusten- oder staubähnliche Überzüge auf den verschiedensten Lebensmitteln sind sie gesundheitsgefährdend – im Edelpilzkäse sind sie eine Delikatesse. Es gibt Schimmelpilze, die mit Vorliebe Großpilze befallen: Im Wald kann man gelegentlich einen Röhrling – meist ist es eine Ziegenlippe – entdecken, der ganz von Goldschimmel umkleidet ist. Als ganz besonders wertvoll aber erwies sich der Pinselschimmel: Aus ihm wurde das Medikament Penicillin entwickelt!

Ferner gibt es zahllose winzige Pilze, die man nur unter dem Mikroskop erkennen kann. Manche von ihnen sind sehr berüchtigt, nämlich die Haut- und Fußpilze, die den Ärzten und den Befallenen arg zu schaffen machen.

Röhrling mit Goldschimmel

Maisbrand

Mutterkorn

Begriffe, die ein Pilzsammler kennen muß

Um die Beschreibungen in Pilzbüchern zu verstehen, muß man die wichtigsten und immer wiederkehrenden Begriffe kennen.

Blätter: andere Bezeichnung für Lamellen

Blauen: Blauverfärbung auf Druck, zum Beispiel bei dem Maronenröhrling (Seite 8)

Büscheliges Wachstum: Mehrere Pilzstiele wachsen aus einem gemeinsamen Ansatz

genabelt: tiefer Trichter in der Hutmitte

gerieft: Rillen am Hutrand oder auf der Manschette (Seite 10)

Gesamthülle: den jungen Pilz gänzlich umgebende äußere Hülle

Gilben: Gelbverfärbung, meist nach Druck oder Verletzung

Gleba: schleimige, meist übelriechende Schicht, in welcher bei einigen Arten die Sporen enthalten sind (Tintenfischpilz Seite 17)

Haarschleier: schleierartige Teilhülle einer großen Pilzfamilie, die deshalb auch Haarschleierlinge heißt

Hexenring: ein Ring von Pilzen, die aus einem kreisförmigen Myzel hervorsprießen

hygrophan: wasseraufsaugend

Knolle: Verdickung an der Stielbasis

Lamellen: messerschneidenartige Gebilde an der Hutunterseite

Leisten: schmale Rippen (lamellenähnlich) an der Hutunterseite

Manschette: hängende, ringförmige Haut im oberen Stieldrittel, Rest der Teilhülle

Myzel: unterirdische Pilzpflanze

Natterung: scheckige Stielzeichnung, meist in der Farbe des Hutes

Netzzeichnung: meist erhabenes Netz, besonders an der Stielspitze

Poren: kleine, oft unregelmäßige, löcherige Vertiefungen an der Hutunterseite

Rasiges Wachstum: dicht beieinander, wie gesät

Riefung: siehe gerieft

Ring: ringförmige Haut im oberen Stieldrittel, Rest der Teilhülle

Scheide: Hauttasche an der Stielbasis, Rest der Gesamthülle

Sporenstaub: Menge von ausgefallenen Sporen (zum Erkennen der Farbe)

Stacheln: stachel- oder dornähnliche Gebilde an der Hutunterseite

Teilhülle: Hülle beim jungen Pilz zwischen Stielspitze und Hutrand

Farne

Farnkräuter sind nicht überall zu finden. Sie lieben jungfräulichen, von der Kultur unberührten Boden, brauchen in der Regel Feuchtigkeit und Schatten. In Ackerlandschaften sind sie deshalb selten. Um so reicher wachsen sie in lichten Wäldern, begleiten schattige Flußufer, bedecken weite Flächen auf moorigen Heiden, nisten in den Wänden steiler Berghänge und kühler Schluchten. Ende April bis Mitte Mai entrollen sie das feine Spitzenwerk ihrer Blätter.

| **Wie viele Arten von Farnen gibt es?** |

Über zehntausend verschiedene Arten von Farnen sind von Botanikern in aller Welt beschrieben und klassifiziert worden. In einigen Landschaftsbereichen gibt es zwar überhaupt keine Farne – so in Wüsten, auf vergletscherten Gipfeln der Hochgebirge und auf dem ewigen Eis der Polarkappen. Aber schon in der Tundra rund um das nördliche Eismeer und an den Küsten Grönlands gibt es mehr als 25 verschiedene Arten. Die größten und interessantesten Farne findet man in den Tropen, in Australien und Neuseeland, wo sie baumartig wachsen und ganze Wälder bilden.

„Steinkohlenwald" und ein versteinerter Abdruck von Farnteilen.

Das Pflanzengeschlecht der Farne ist uralt. Vor dreihundertfünfzig Millionen Jahren bedeckten Farne und ähnliche Pflanzen weite Gebiete der Erde; alle anderen Landpflanzen waren im Vergleich mit ihnen gering an Art und Zahl. Aber diese ursprünglichen Farne sind fast alle verschwunden. Andere, höher entwickelte Pflanzen haben ihren Platz eingenommen.

<table>
<tr><td>Was weiß man über die Vorfahren der heutigen Farne?</td></tr>
</table>

Farne waren die ersten Pflanzen, die Wurzeln, Stämme und Blätter entwickelten. Die überlebenden Arten sind von allen blütenlosen Pflanzen am vollkommensten entwickelt. Sie bilden gewissermaßen den Übergang zu den blüten- und samenbildenden Pflanzen. Ihre Vorfahren gediehen in der feucht-heißen Atmosphäre, die vor vielen Millionen Jahren die Erde umhüllte.

Wuchernde Farnwälder von gewaltiger Ausdehnung bedeckten sumpfige Niederungen und Flußtäler mit üppigem Wachstum. Unter der Wucht heftiger Stürme und ungeheurer Überschwemmungen brachen immer wieder die baumartigen Farnstämme mit ihrem Schopf breiter Blattwedel nieder und füllten die Sümpfe mit dicken Lagen toten Materials, auf denen neue Farnwälder wuchsen und wieder niedergewalzt wurden, bis endlich Sand und Schlamm als Ablagerungen noch gewaltigerer Überschwemmungen die Pracht der Farnwälder vernichteten und ihre Überreste unter sich begruben.

Unter dem Druck der immer stärker werdenden Schichten wurde das ursprünglich lose Material der Farnwälder zusammengepreßt; im Laufe vieler Jahrtausende verwandelte es sich zunächst in Braunkohle, schließlich zu Steinkohle. Die pflanzlichen Ablagerungen eines ganzen Jahrhunderts schrumpften dabei so zusammen, daß sie nicht mehr als eine zwanzig Zentimeter starke Kohleschicht ergaben.

In den heutigen Steinkohlenflözen finden sich häufig Abdrücke von Farnblättern. Wenn die Geologen auch meinen, die Hauptmasse der Steinkohle stamme von anderen Pflanzen, so haben doch die Farne einen bedeutenden Anteil beigetragen. So liefern also Farne, die vor Millionen von Jah-

bildet ein großes C, den Anfangsbuchstaben des Namens Christi also. Der Farn sollte deshalb nach mittelalterlichem Glauben vor Hexen und Kobolden schützen. Die Schotten hingegen sahen in dieser Form den Pferdehuf des Teufels.

Querschnitt durch den Stengel eines Adlerfarnes.

ren gelebt haben, zugrunde gingen und begraben wurden, einen Teil der Energie, die wir heute für unsere Industrie brauchen.

Die Menschen erzählten einander in früheren Zeiten manche Legende von den Farnkräutern. Einer unserer bekanntesten Farne ist

Legenden über die Farne

der Adlerfarn; wenn man eines seiner Wedel mit einem Messer quer durchschneidet, zeigt das Gewebe im Innern eine Zeichnung, die man als das Bild eines Adlers deuten kann. Daher kommt der Name. Englische Bauern sahen darin allerdings das Bild des Eichbaums und nannten den Farn deshalb „König-Karls-Eiche"; König Karl war nämlich einmal seinen Feinden entronnen, indem er sich im dichten Blattwerk dieses Farns versteckte. Manche Leute glaubten auch, daß es Glück bringe, wenn man einen Adlerfarn findet, bei dem das Zeichen ganz besonders hervortritt. Die Umrißlinie des Querschnitts, die von der äußeren Schicht des Stengels gebildet wird,

Von einer anderen Farnart wurde erzählt, sie bringe eine zierliche blaue Blume hervor, die aber nur in einer einzigen Nacht des Jahres erblühe. Beim Glockenschlag zwölf der Mittsommernacht komme diese Blume zur Reife, und wem es gelänge, einige ihrer Samen in einem weißen Tuch aufzufangen, solle hinfort über Zauberkräfte verfügen. Ein paar Samen davon im Schuh sollten unsichtbar machen. Auch sollte der Zaubersame das „zweite Gesicht" verleihen und die Fähigkeit, Vergangenheit und Zukunft zu erkennen, verlorene Dinge wiederzufinden und vergrabene Schätze aufzuspüren.

Der Wurzelstock einer anderen Farnart wurde als Sprengwurzel bezeichnet; die stärksten Schlösser sollten aufspringen, wenn man sie mit der Wurzel berührte. Und wenn man diese Pflanze bei Mondlicht pflückte, könnte man damit den Wahnsinn heilen.

Teil eines Blattes

Mondraute oder Springwurz

Wurmfarn
(Dryopteris filix-mas)

Adlerfarn
(Pteridium aquilinum)

Königsfarn
(Osmunda regalis)

Streifenfarn
(Asplenium)

Klapper-
schlangenfarn

Schildfarn
(Aspidium spinolosum)

Straußfarn
(Struthiopteris germanica)

Farne haben volkstümliche Namen wie zum Beispiel
Adlerfarn, Wurmfarn u. a. Sie haben auch lateinische
Namen, die aus zwei Wörtern gebildet sind; das erste
nennt die Gattung und das zweite die Art.

Wurden Farne auch als Heilmittel verwendet?

Schon im Altertum wurden den Farnkräutern heilende Kräfte zugeschrieben. Die Ärzte der alten Griechen und Römer benutzten sie für bestimmte Heiltränke und Kuren. Zum Beispiel wurde aus der Wurzel des Wurmfarns ein Mittel zum Abtreiben von Bandwürmern hergestellt – daher auch der Name „Wurmfarn". Die Indianer Nordamerikas wußten ebenfalls aus Farnen Medizin gegen verschiedene Krankheiten herzustellen. Eine Art des Farns, die zusammenziehend wirkt, wurde auf Wunden gelegt. Ein anderer Farn diente zur Linderung von Atemnot und Brustleiden; ein Absud von ihm, mit Zucker aufgekocht, sollte gegen Keuchhusten helfen. Die Indianer behandelten damit auch Geisteskrankheiten.

In einigen europäischen Ländern glaubte man, das erste junge Laub einer großen Farnart mache für ein ganzes Jahr gegen Zahnschmerzen gefeit, wenn man es kaue. Die Blätter der Natternzunge lieferten einst den Hauptbestandteil einer Salbe gegen Schlangengift; dazu wurden die Blätter in ungesalzener Butter aufgebrüht. Vom Frauenhaar-Farn glaubte man, es

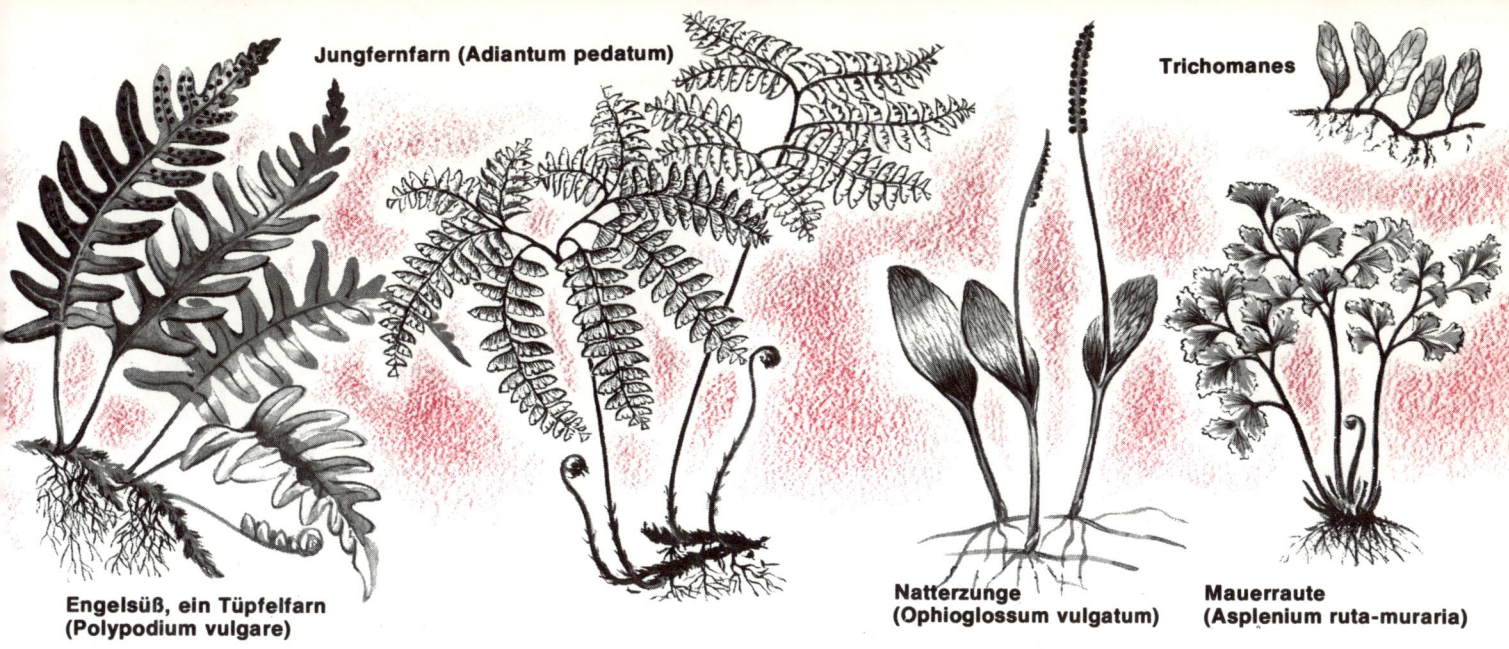

Jungfernfarn (Adiantum pedatum)

Trichomanes

Engelsüß, ein Tüpfelfarn (Polypodium vulgare)

Natterzunge (Ophioglossum vulgatum)

Mauerraute (Asplenium ruta-muraria)

könne Haarausfall aufhalten und selbst auf einer Glatze wieder Haare wachsen lassen. Farne wurden auch benutzt, um Wunden zu heilen, Asthma, Koliken, Gelbsucht, fieberhafte Erkrankungen und sogar Knochenbrüche zu kurieren. Inzwischen hat die Wissenschaft die meisten dieser Rezepte für wirkungslos erklärt. Zauberkräfte besitzen die Farnkräuter leider ebenso wenig wie andere Pflanzen.

In vergangenen Zeiten gab es eine ganze Reihe von Verwendungszwecken. Farne dienten als Streu für das Vieh, und manchmal wurden auch Dächer damit abgedeckt. Aus Wurzeln und Stengeln des Wurmfarns wurde einst ein Hopfenersatz für das Bierbrauen hergestellt, und Asche aus Wurmfarn bildete einen Zusatz bei der Glasherstellung.

In Schottland machte man aus der Asche grüner Farnwedel eine Art Seife. Frische Farnblätter enthalten auch Gerbsäure, die zur Herstellung feiner Lederwaren gebraucht wird. Marktfrauen benutzten Farnwedel zum Verpacken von Obst und Fischen.

In tropischen Ländern werden die

> **Haben Farnkräuter einen Nutzwert?**

Stämme von Baumfarnen sogar als Telegrafenmasten und als Bauholz verwendet; sie sind recht haltbar, und vor allem werden sie nicht von Termiten zerstört. Auf Hawaii nimmt man die haarfeinen Fasern gewisser Farne als Polsterfüllungen für Matratzen.

Einige Farnkräuter sind auch eßbar. Die Indianer Alaskas backen den Wurzelstock des Schildfarns in Gruben, die mit heißen Steinen zugedeckt werden; sie schätzen seinen süßlich-rauchigen, tabakähnlichen Geschmack ganz besonders. Die jungen Stengel einiger Farnarten werden gekocht und wie Spargel gegessen. Andere Farne liefern ein spinatartiges Gemüse. Auf Neuseeland gibt es eine Farnart, Pteris esculenta, die dort „Brotwurzel" heißt und gern gegessen wird.

Im Gebirge, an feuchten Felswänden, finden wir Farne, so winzig und fein wie Moose. Dort wächst auch die zierliche Mauerraute, deren Blätter kaum mehr als fingerlang werden. Dagegen erreichen die großen Baumfarne in den immerfeuchten Tropenländern Höhen bis zu 15 Metern. Sie bilden dort ebenso üppige, ausge-

> **Formen, Farbe und Düfte der Farne**

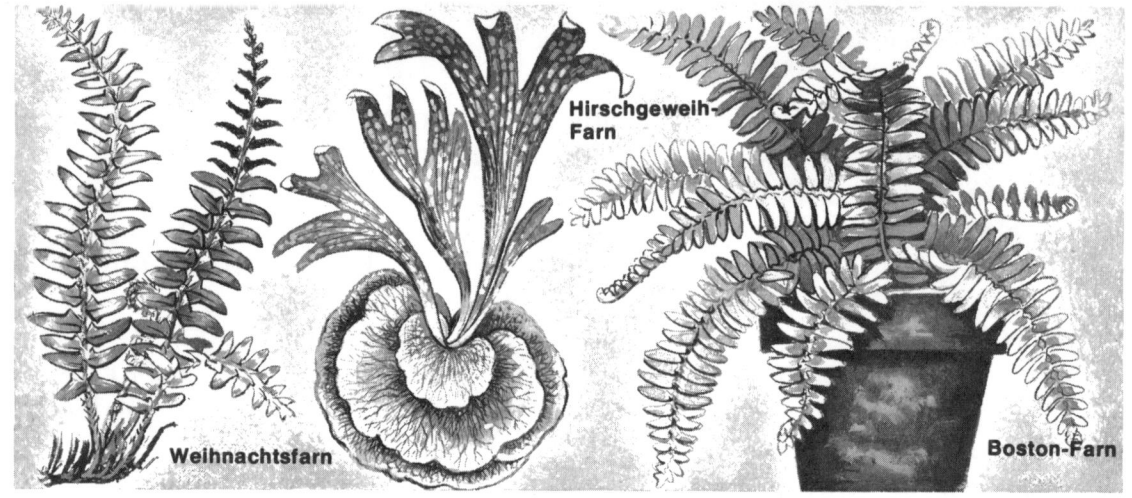

Hirschgeweih-Farn

Weihnachtsfarn

Boston-Farn

Boston-Farn (Nephrolepis), Weihnachtsfarn (Polystichum acrostychoides) und Hirschgeweih-Farn (Platycerium) werden wegen ihrer Schönheit gezüchtet. Der aus Afrika stammende Geweih-Farn wächst auf mulmigem Holz, in Astgabeln und an ähnlichen Plätzen.

dehnte Wälder wie einst im Steinkohlenzeitalter. In dichten Schöpfen breiten sich die drei bis fünf Meter langen Wedel über schlanken, kahlen Stämmen aus. Auch in kühleren Gegenden wachsen Farne in üppiger Fülle; aber es gibt dort keine Riesenformen wie in den feucht-heißen Tropen. Einige Farne haben krautigen Wuchs, andere gleichen eher Sträuchern. Manche breiten sich rankend auf dem Boden aus, andere sitzen auf Bäumen wie die Mistel, und noch andere klettern wie Efeu an Baumstämmen und Mauern empor. Einige tropische Arten haben sich ganz dem Leben im Wasser angepaßt; sie treiben wurzellos unter der Oberfläche ruhiger Gewässer dahin.

Der „wandernde Farn" hat dunkelgrüne, lederartige Wedel, deren Spitzen sich zur Erde neigen, dort Wurzeln treiben und eine neue Pflanze bilden, die dann in gleicher Weise „weiterwandert".

Gewöhnlich zeigen Farne eine hellgrüne Färbung; es gibt aber auch gelbgrüne, zimtfarbene und dunkelgrüne. Bei einigen Farnen verändern die Wedel ihre Farbe, wenn die Sporen reifen: sie werden silbergrau oder weinrot. Es gibt Farne, die einen aromatischen Duft haben. Eine amerikanische Art riecht nach Zitronen und Vanille, und der „zerbrechliche Farn" duftet nach frischem Heu oder auch nach Himbeeren oder Erdbeeren.

26

Farne als Zierpflanzen

In botanischen Gärten und in Gewächshäusern sind besonders hübsche Farnarten zu sehen. Es gibt auch schöne Freilandfarne, die in Gärtnereien für Parks und Privatgärten herangezogen werden. Solche Zierfarne wurden aus einzelnen Pflanzen, die zufällig mehr und zierlichere Blätter als ihre Artgenossen besaßen, gezüchtet. Blumenbinder benutzen gern das zierliche Spitzenwerk der Farnkräuter und ihr zartes Grün als Rahmen für die farbenfrohen Blumenbuketts, die wir „Biedermeiersträuße" nennen. Auch in Gartenanlagen werden die bunten Blumenbeete oft von Farn umrahmt.

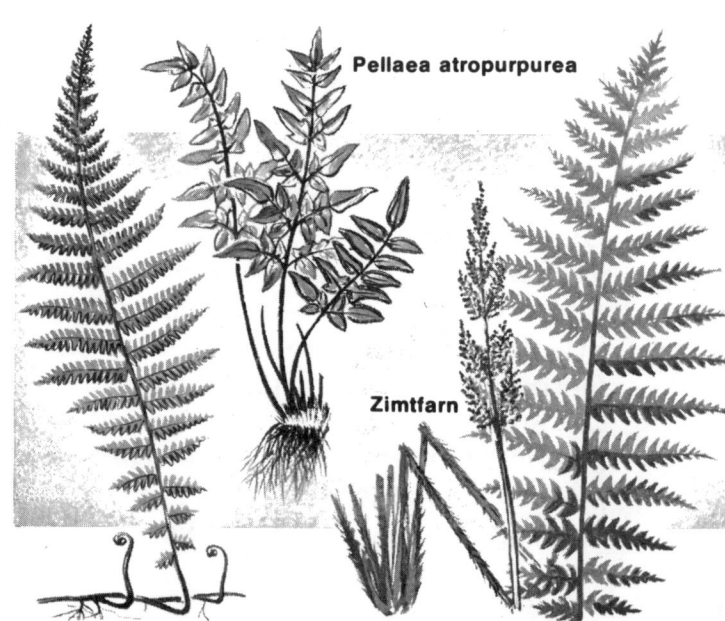

Pellaea atropurpurea

Zimtfarn

Wurmfarn
(Dryopteris filix-mas)

Amerikanischer Königsfarn
(Osmunda Cinnamomea)

Farne durchlaufen einen Generationswechsel. Die ungeschlechtliche Generation der „Sporenträger" wechselt mit der geschlechtlichen Generation der „Samenbildner".

Wie vermehren sich Farne?

Das geht folgendermaßen vor sich: Auf der Unterseite eines Farnwedels — er stellt die ungeschlechtliche Sporenträgergeneration dar — erscheinen winzige grüne Punkte, die zuerst noch mit einer weißlichen Schutzschicht bedeckt sind. Jeder dieser Punkte besteht aus einer Menge winziger, fast kugelförmiger Sporenbehälter. Sie enthalten eine große Zahl mikroskopisch kleiner Zellen, die Sporen. Wenn diese reif sind, springt die Sporenkapsel auf, die Sporen fallen heraus, und der Wind sorgt dafür, daß sie weithin verstreut werden. Eine einzelne Spore ist so staubfein, daß sie nur durch ein Mikroskop erkennbar ist. Wenn eine Spore aber an einen Platz gelangt, der warm und feucht genug ist, beginnt sie zu schwellen. Die harte äußere Haut lockert sich und bricht nach einigen Tagen auf. Nun beginnt dieser einzellige Abkömmling des Farnkrauts sofort, sich durch fortgesetzte Zellteilung zu einem fadenförmigen Zellstrang zu entwickeln, der allmählich die Gestalt einer kleinen Pflanze annimmt.

Zuerst bildet die sprießende Spore ein zierliches grünes Röhrchen, nimmt

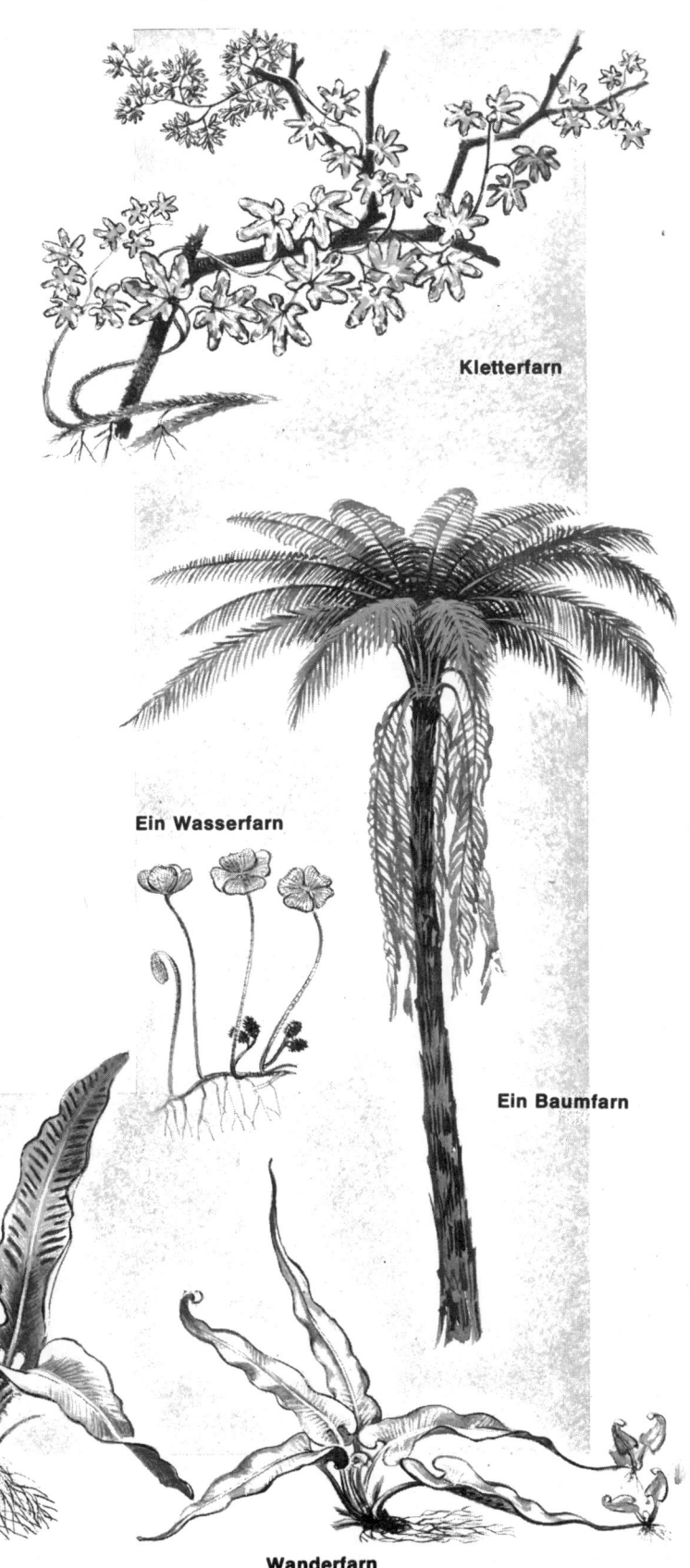

Kletterfarn

Ein Wasserfarn

Ein Baumfarn

Stufenfarn

Sumpffarn (Onoclea sensibilis)

Hirschzungen-Farn

Wanderfarn
(Camptosorus rhizophyllus)

Bei der Beschreibung der Farne werden einige Fachausdrücke gebraucht, die hier noch einmal durch ein kleines „illustriertes Wörterbuch" erläutert werden sollen. Wer an diesen Dingen interessiert ist, tut gut, sich diese Ausdrücke zu merken.

dann eine keulenartige Gestalt an und entwickelt sich endlich zu einem merkwürdigen, grünen, blattartigen Gebilde, das der Botaniker „Prothallus" (Vorkeim) nennt. Das dünne, herzförmige Blättchen ist kaum halb so groß wie ein Pfennig und zeigt keine Ähnlichkeit mit einem Farnkraut. An seiner Unterseite bringt es viele wurzelähnliche Fäden hervor, mit denen es sich im Boden verankert und durch die es Wasser und Nährstoffe aus der Erde aufnimmt. Zwischen diesen Haarwurzeln an der Unterseite besitzt es zwei Arten von Geschlechtszellen, die der Vermehrung dienen.

Während das große Farnkraut also die ungeschlechtliche Form der Pflanze darstellt, ist der winzige Prothallus die Geschlechtsform der gleichen Pflanze. Zuerst erscheinen zwischen den Haarwurzeln am Rand des Blättchens rundliche Organe, die winzige, spiralig geschwänzte Zellen hervorbringen. Später entwickeln sich mehr in der Mitte längliche, taschenartige Vertiefungen, von denen jede eine flaschenförmige Eizelle enthält.

Wenn nun bei Regenwetter das Prothallus-Blättchen mit einer feinen Wasserschicht überzogen wird, lösen sich die geschwänzten Zellen und schwimmen mit heftig schlagenden Bewegungen der Schwänzchen leb-

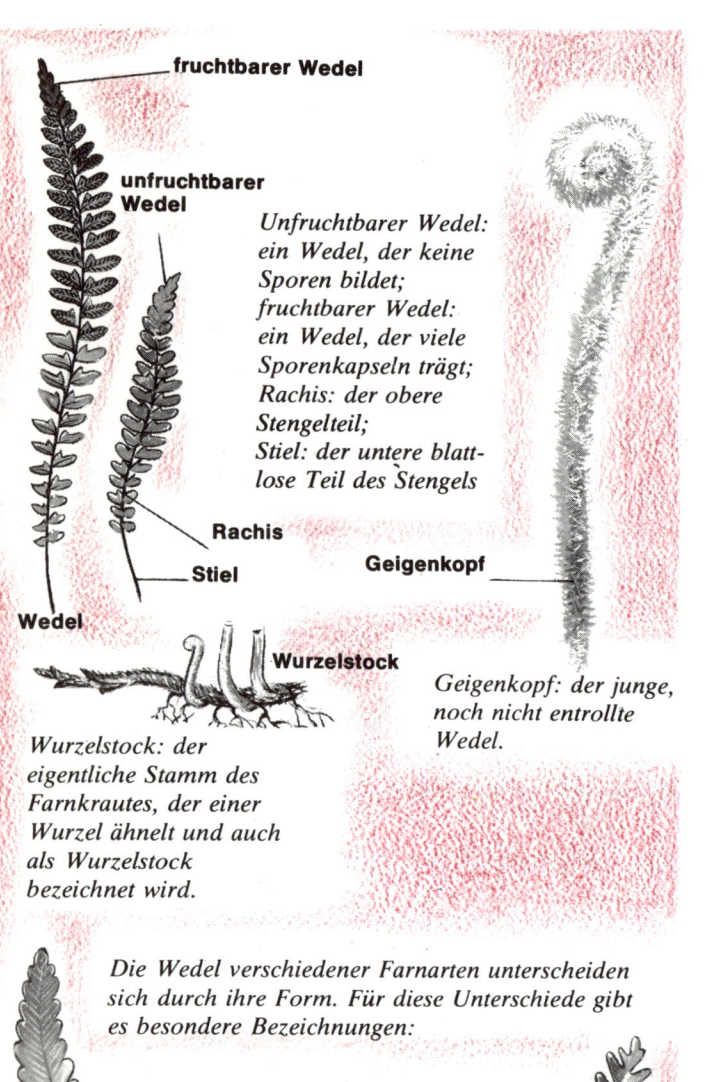

fruchtbarer Wedel

unfruchtbarer Wedel

Unfruchtbarer Wedel: ein Wedel, der keine Sporen bildet; fruchtbarer Wedel: ein Wedel, der viele Sporenkapseln trägt; Rachis: der obere Stengelteil; Stiel: der untere blattlose Teil des Stengels

Rachis

Stiel

Wedel

Geigenkopf

Wurzelstock

Geigenkopf: der junge, noch nicht entrollte Wedel.

Wurzelstock: der eigentliche Stamm des Farnkrautes, der einer Wurzel ähnelt und auch als Wurzelstock bezeichnet wird.

Die Wedel verschiedener Farnarten unterscheiden sich durch ihre Form. Für diese Unterschiede gibt es besondere Bezeichnungen:

Gekerbt: die einfachste Blattunterteilung

gekerbt

Blattzahn gezähnt

Gezähnt: der Wedel ist bis an die Mittelrippe unterteilt.

zusammengesetzt

Fiederblatt

Doppelt gefiedert: die Fiedern sind nochmals geteilt.

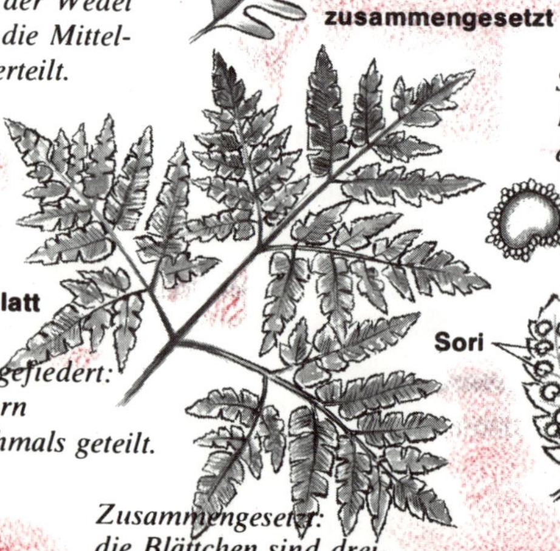

doppelt gefiedert

Zusammengesetzt: die Blättchen sind drei- oder mehrfach geteilt.

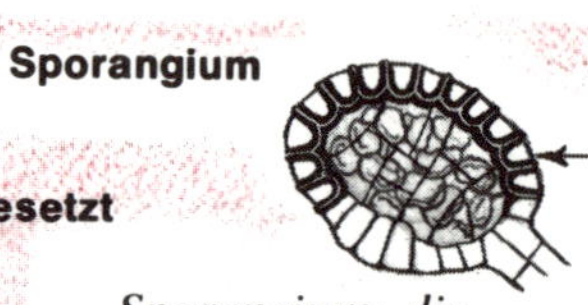

Sporangium

Sporangium: die Kapsel, die die Sporen enthält

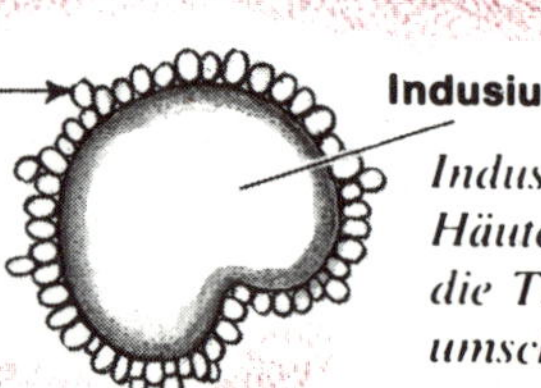

Sori = Tüpfel: Gruppe von Sporenkapseln

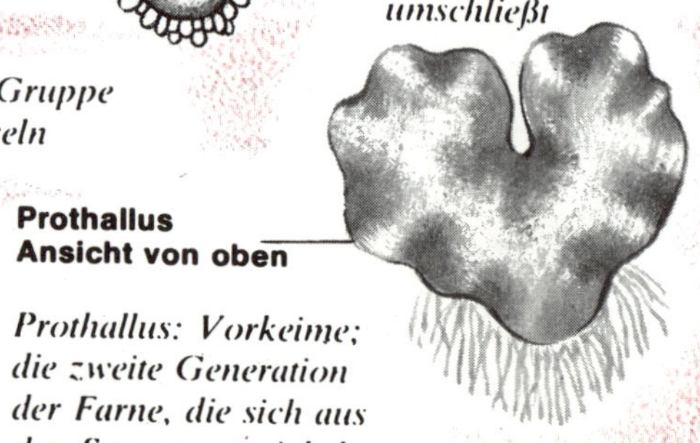

Sori

Indusium

Indusium: ein Häutchen, das die Tüpfel umschließt

Prothallus Ansicht von oben

Prothallus: Vorkeime; die zweite Generation der Farne, die sich aus den Sporen entwickelt.

haft umher, bis sie den Weg zu einer Eizelle gefunden haben. Die erste geschwänzte Zelle, die eine Eizelle erreicht, dringt in ihr Inneres ein und vereinigt sich mit ihr zu einem sporenähnlichen Samen. Aus dem befruchteten Ei entsteht eine neue Farnpflanze.

Der Same bildet nun zunächst vier Zellbereiche; aus einem entwickelt sich allmählich der Stamm, aus dem zweiten die Wurzel, aus dem dritten entwickeln sich die Blattknospen und aus dem vierten entsteht ein Organ, das die Ernährung durch den Prothallus ermöglicht. Sobald die neue Farnpflanze sich selbst versorgen kann, stirbt der Prothallus ab und vergeht.

Das Farnkraut hat zunächst die Gestalt eines filzigen rundlichen Klumpens. Die schon vorgebildeten Wedel sind spiralig aufgerollt und von mehreren goldbraunen Häuten umgeben, die bald dünn werden wie Seidenpapier und beim weiteren Wachstum zerreißen. Anfangs dienen sie jedoch als warme Hülle, unter der das junge Kraut gut geschützt ist.

Die jungen, goldbraunen, wolligen Wedel an dem gedrungenen knolligen Wurzelstock sehen aus wie Knospen; sie sind zusammengerollt wie eine Uhrfeder. Allmählich strecken sie sich, biegen sich rückwärts und entrollen einen langen Stengel. Gleichzeitig öff-

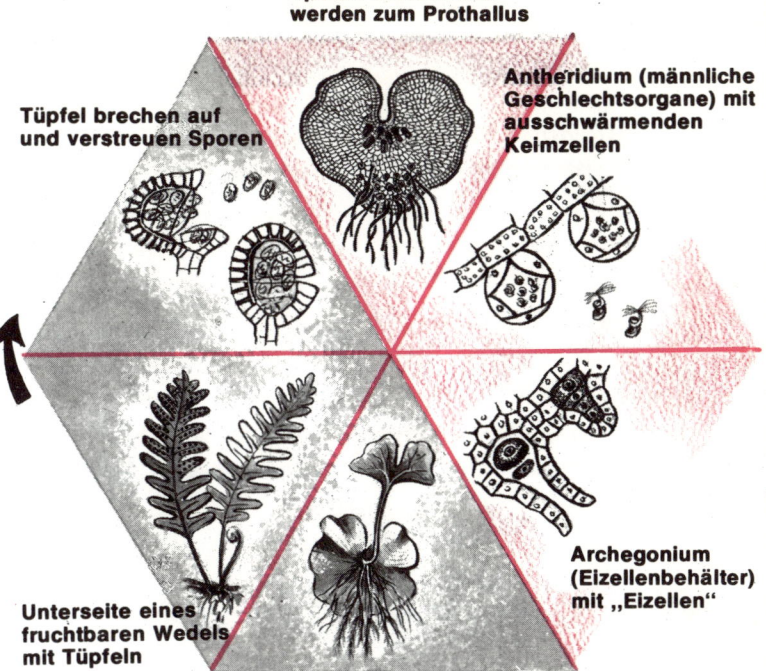

Im Lebenslauf der Farne ist die sporenbildende Generation groß und auffallend – daher kommt unsere Vorstellung von einem Farnkraut.

Sporen keimen und werden zum Prothallus

Antheridium (männliche Geschlechtsorgane) mit ausschwärmenden Keimzellen

Tüpfel brechen auf und verstreuen Sporen

Archegonium (Eizellenbehälter) mit „Eizellen"

Unterseite eines fruchtbaren Wedels mit Tüpfeln

Junges Farnpflänzchen, aus dem Prothallus erwachsend

nen sich die schmalen, seitlich sitzenden Blattfedern, und zuletzt entrollen sich die zierlichen Seitenblättchen. Immer neue eingerollte Knospen erscheinen, und es kann sich über Wochen hinziehen, bis endlich alle Knospen zu langen Wedeln entfaltet sind. Später erscheinen dann auf der Unterseite der Wedel in dichten Reihen kleine Tüpfel – die Sporenkapseln. Das Farnblatt streut seine Sporen aus, stirbt ab und vergeht. Durch die Sporen aber beginnt ein neuer Lebenskreislauf.

Bei den verschiedenen Farnarten sind auch die Sporenkapseln verschieden ausgebildet. Sie sind gelb, orangefarben und braun. Bei manchen Arten sind sie ziemlich groß und

Sind die Sporenkapseln bei allen Farnen gleich?

Archegonium, der weibliche Teil des Prothallus; es entspricht dem Fruchtknoten bei Blütenpflanzen.

Prothallus Unterseite

Antherizoiden: Schwärmzellen, kleine Körperchen, die vom Antheridium gebildet und freigesetzt werden.

Antherizoiden (Schwärmzellen)

Antheridium, der männliche Teil des Prothallus; es entspricht den Staubgefäßen einer Blütenpflanze.

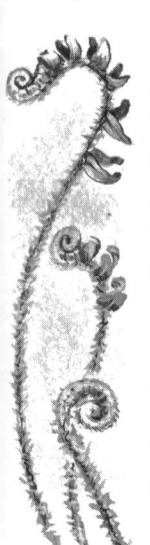

bedecken fast das ganze Blatt; andere wieder sind so winzig, daß man sie mit bloßem Auge kaum erkennen kann. Betrachtet man sie mit einer Lupe, erblickt man offene, krugförmige Gebilde; das sind die Sporenbehälter. Bei den meisten Farnen sitzen sie in regelmäßiger Anordnung auf der Unterseite der Blätter, bei manchen aber auch seitlich oder gar obendrauf. Sie sind entweder regellos über den Wedel verteilt oder parallel oder senkrecht zur Mittelrippe angeordnet. Manchmal sitzen sie an bestimmten Abschnitten der Wedel, manchmal auch nur auf besonderen Fruchtwedeln einer Pflanze.

Wer über ein Mikroskop verfügt, sollte einmal etwas von dem flockigen braunen Stoff eines fruchtenden Farnwedels untersuchen und den eigenartigen Bau der Sporenkapseln genauer betrachten; es lohnt sich.

Jede Fruchtkapsel enthält eine be-

> **Wieviel Sporen kann ein Farn hervorbringen?**

stimmte Anzahl gelber, grüner oder brauner Sporen in verschiedenen Schattierungen; je nach der Farnart sind es immer 6 mal 8, 7 mal 8 oder 8 mal 8. Mit einem guten Mikroskop kann man auch eine einzelne Spore untersuchen. Diese Sporen sind auf ungeschlechtlichem Wege durch einfache Zellteilung erzeugt worden; im Lebenslauf eines Farns stellen sie einen Ruhezustand dar. Wenn sie ausreichend Wärme und Feuchtigkeit finden, sprießen sie bald nach dem Ausfall. Unter Umständen können sie jedoch ihre Keimkraft zwanzig Jahre lang bewahren! Eine einzige Farnpflanze kann jährlich bis zu 50 Millionen Sporen hervorbringen, und das viele Jahre hindurch. Dennoch ist es möglich, daß ihre Art nur spärlich anzutreffen ist; denn ein

junges Farnkraut hat es unendlich schwer, Wurzeln zu schlagen und sich zu behaupten. Einige Arten, wie der Zimtfarn, fruchten zweimal jährlich. Bei den meisten Arten fallen die Sporen gleich nach der Reife aus; doch gibt es auch Farne, bei denen die Sporenkapseln am Blatt überwintern und erst im nächsten Frühjahr ausgeschüttet werden.

Das Gewicht der Sporen ist so gering, daß sie vom Wind bis in die höchsten Luftschichten und über weiteste Entfernungen getragen werden können. Zur Entwicklung kommen sie aber nur dort, wo sie ihre besonderen Lebensbedingungen finden.

Drei bis sieben Jahre dauert es, bis eine

> **Wie lange braucht ein Farn bis zur Reife?**

Farnpflanze herangewachsen ist und selber wieder Sporen erzeugt. Von vielen Gefahren bedroht, kommen aber nur wenige so weit. Die Farne haben daher mehrere Möglichkeiten der Vermehrung entwickelt, so daß sie nicht allein auf den langwierigen Prozeß der Sporenentwicklung angewiesen sind.

Manche Arten bringen an den Ausläufern ihrer Wurzelstöcke Ableger hervor; die Wurzelstöcke selber sind tief

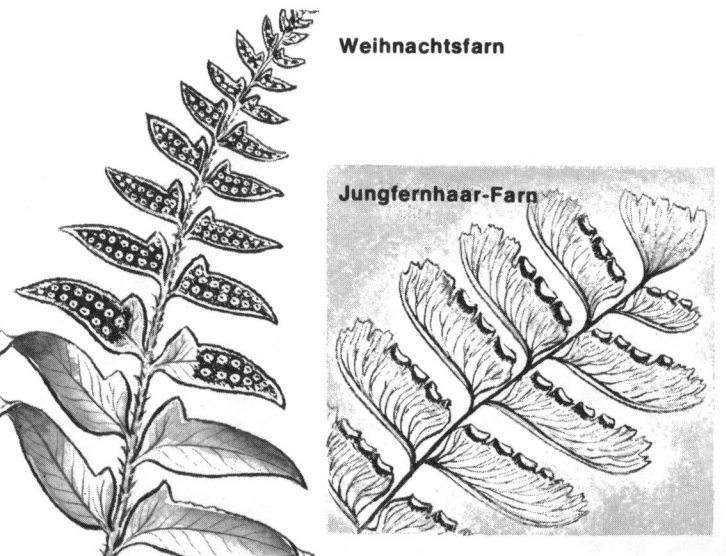

Weihnachtsfarn

Jungfernhaar-Farn

im Erdboden gegen Trockenheit und Kälte geschützt. Eine Art erzeugt außer zahllosen Sporen auch noch knöllchenartige Ableger in den Blattachseln, und während die allermeisten Sporen keinen günstigen Platz für ihr Wachstum erreichen, fallen die fleischigen Brutknöllchen rund um die Mutterpflanze zu Boden, treiben bald Wurzeln, wachsen rasch heran und erzeugen später selber Sporen und Brutknöllchen. Einige Farne treiben Ranken, an deren Ende eine neue Pflanze entsteht. Beim „wandernden Farn" neigen sich die schmalen Wedel zur Erde, treiben an ihrer Spitze Wurzeln und bilden dort eine neue Pflanze. Andere Farne bilden Brutknollen an den Wurzeln aus, und eine tropische Art vermehrt sich gleich auf dreierlei Weise: durch Sporen, Knöllchen und durch Ausläufer.

Farne sind kräftig im Erdreich verwurzelt. Der Wurzelstock geht noch im Erdboden in den Stamm über; man kann beide als eine Einheit

Wie lange lebt eine Farnpflanze?

betrachten. Was wir im Wald als Farn sehen, sind nur die Farnstiele mit ihren Blättern, die trichterförmig wachsen und ihre Wedel ausbreiten, um auch im schattigen Wald genug Sonnenlicht aufzufangen.

Stiel und Blatt haben offenbar nur die Aufgabe, die zur Fortpflanzung notwendigen Sporen zu entwickeln. Dann sterben sie ab, und vom Wurzelstock werden neue Blätter gebildet. Darum kann man knapp über dem Erdboden am Wurzelstock (oder Stamm) Reste der Blattstiele vergangener Jahre entdecken. So lebt die Farnpflanze Jahr für Jahr im Wurzelstock weiter, der schräg in der Erde verankert ist. Die Botaniker sagen, daß Farnpflanzen Jahrhunderte alt werden können. Nur die Wedel werden in jedem Jahr durch neue ersetzt. Sie sprießen im Frühjahr, entfalten sich und färben sich nach dem Sporenfall im Herbst gelb, rot oder braun, sinken zu Boden und geben dem Erdreich die Stoffe, aus denen sie entstanden sind, wieder zurück.

Haben sich die Sporen vom Farnwedel

Wo wachsen Farne?

gelöst, sind sie zur Erde gefallen oder vom Wind an irgendwelche entfernte Orte getragen, so bedürfen sie für ihr Wachstum besonderer Bedingungen, die je nach der Farnart verschieden sein müssen. Die meisten Arten brauchen Feuchtigkeit, eine ste-

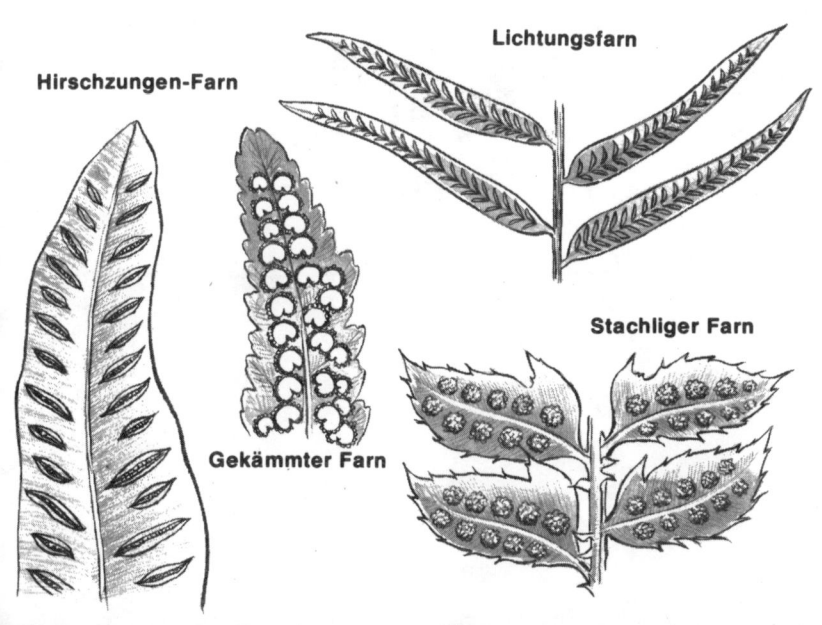

Hirschzungen-Farn

Lichtungsfarn

Gekämmter Farn

Stachliger Farn

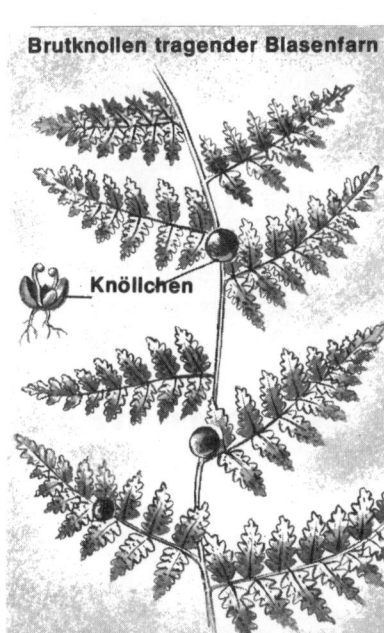

Brutknollen tragender Blasenfarn

Knöllchen

Die Anordnung und Form der Tüpfel ist bei den verschiedenen Arten unterschiedlich ausgebildet

tige, gemäßigte Temperatur und Schutz vor direktem Sonnenlicht. Wo der Wald einen feuchten Untergrund hat und das Laubdach nicht zu dicht ist, bildet zum Beispiel der Adlerfarn in unseren Breiten dichte Bestände.

Farne wachsen bei uns aber auch in Sümpfen, in Torfmooren und in Gebirgsschluchten. Es gibt auch Farnarten, die härteren Lebensbedingungen angepaßt sind und auch dort gedeihen können, wo sie öfter der Trockenheit und direktem Sonnenlicht ausgesetzt sind. Solche Farne finden wir zum Beispiel in Kiefernwäldern. Bei Trockenheit rollen sich ihre Wedel zusammen und schützen sich damit vor stärkerer Verdunstung ihrer Feuchtigkeit; sie erscheinen dann wie abgestorben. Der nächste Regen belebt sie neu: sie strecken sich und ergrünen wie vorher. Eine Farnart, die Mauerraute, hat kleine, mit zäher Hautschicht überzogene Blätter, die wenig Wasser verdunsten lassen. Sie kann deshalb in Gesteinsspalten und in Mauerritzen, dem Sonnenlicht ausgesetzt, wohl gedeihen.

Manche Arten sind gegen Licht ausgesprochen unempfindlich. Wo immer die Luft mit Feuchtigkeit gesättigt und die Temperatur günstig ist, siedeln sich Farne an. Sie wachsen sogar auf Bäumen oder heften sich im Schutz steiler Felswände an dürres Gestein.

Jede Farnart braucht den Boden oder den Ort, der ihr gemäß ist – Waldboden, kalkarme oder kalkreiche Böden, Sandstein oder Urgestein.

Wer Farnkräuter verpflanzen will, muß das berücksichtigen.

Sand   Lauberde

Gartenerde   Torfmoos

Die Erde darf nie austrocknen. Aber die Oberfläche darf nicht begossen, sondern nur von unten her aus dem Untersatz durchfeuchtet werden.

keimende Prothallia

fruchtender Wedel

Sporen

Wie man Farne aus Sporen aufziehen kann

Kammfarn
(Dryopteris cristata)

Lichtungsfarn

Kleinere Farnarten
lassen sich in
gläsernen
Behältern zu
hübschen „Winter-
gärten" zusam-
menstellen.

junger Farn

Stachliger Farn

Traubenfarn

Um ein Sporenmuster zu bekommen, muß man einen fruchtenden Farnwedel auf ein weißes Papier mit rauher Oberfläche legen und dort einige Tage liegenlassen, ohne es auch nur im geringsten vom Fleck zu bewegen.

Danach nimmt man den Farnwedel vorsichtig auf und kann nun den Umriß des Wedels, mit Sporenstaub nachgezeichnet, auf dem weißen Papier bewundern.

Man kann auch Farne aus Sporen aufziehen. Dazu muß man einen kleinen, sauberen Blumentopf mit einer Mischung aus Sand, Gartenerde und Laubmull oder Torf füllen. Diesen Topf stellt man in eine Schale mit Wasser, damit er völlig durchfeuchtet wird; jetzt kratzt man mit einer Nadel etwas Sporenstaub vom Farnblatt auf ein Stück Papier und streut den Sporenstaub dann auf das vorbereitete Saatbeet im Blumentopf. Danach stellt man den Topf unter einen Glashafen oder deckt ihn mit einer Glasscheibe ab und bringt ihn an einen geschützten, nicht zu hellen Platz. Die Sporen werden dann bald grüne Fäden treiben, und in etwa einem Monat ist der Prothallus, der Vorkeim, fertig. Sobald die Pflanzen kräftig genug sind, werden sie in eine Mischung aus Sand und Lauberde umge-topft. Einige seltene Arten brauchen einen Zusatz von etwas Kalk. (Illustrationen siehe S. 32–33.)

Die verschiedenen Farnarten sind nicht schwer zu unterscheiden, und es lassen sich auch leicht Farnwedel für ein Herbarium sammeln.

Um vollständige Pflanzen zu bekommen, muß man sich schon besser ausrüsten: Für eine solche Exkursion versieht man sich mit einem kurzen Spaten und einem großen, mit Papier ausgelegten Spankorb. Die seltenen Arten stehen jedoch unter Naturschutz, sie dürfen nicht gerodet werden. Deshalb ist es schon besser und auch interessanter, sich seine Farnpflanzen selbst aus Sporen heranzuziehen.

Blätter für das Herbarium müssen zwischen saugfähigem Papier gepreßt werden; wenn sie sehr groß sind, knickt man sie V- oder N-förmig.

Wer die verschiedenen Arten der Farne unterscheiden und kennenlernen will, muß sein Augenmerk auf die charakteristischen Merkmale richten: auf die Gestalt der Pflanze, ihren Wurzelstock, auf Aderung, Form und Färbung der Wedel, Form, Größe und Sitz der Fruchtknöllchen und auf das Vorhandensein oder Fehlen von schützenden Hüllen bei den Sporenkapseln.

Wurmfarn
Präpariertes Farnblatt
(Man beachte die N-Form!)

Sporenabdruck des
Bergfarns (Dryopteris)

Die Moose

Echte Moose und ihre nächsten Verwandten, die Lebermoose, gehören zu den einfachsten und ältesten Formen der Landpflanzen. Moose und Lebermoose werden von den Botanikern zu einer Pflanzengruppe zusammengefaßt, die mit einem griechischen Namen „Bryophyten" genannt wird.

Ebenso wie die Farne leben auch die Bryophyten in einem Generationswechsel. Einer geschlechtlichen Generation, die „Gametophyt" heißt und Samenzellen und Eizellen hervorbringt, folgt die ungeschlechtliche Generation, „Sporophyt" oder Sporenträger genannt, die sich ungeschlechtlich durch Sporen fortpflanzt.

Moose besitzen keine echten Wurzeln, sondern nur wurzelähnliche Fasern, mit denen sie sich verankern und Wasser sowie Mineralien aus dem Boden aufnehmen. Außer in Wüsten sind Moose überall auf der Erde zu finden. Selbst am Rande des ewigen Eises in Grönland gibt es viele Arten, die dort unter Eis und Schnee den langen lichtlosen Winter überstehen. Und außer den Flechten bilden die Moose an den sturmumtosten schneefreien Felsen der Antarktis das einzige sommerliche Grün.

Üppig gedeihen die Moose in unseren Wäldern und bedecken den Boden mit dicken Polstern; sie bekleiden Baumstümpfe und Felsblöcke mit einem samtenen Überzug. Einige Moose gleichen zierlichen Federn, andere winzigen Tannenbäumchen oder Palmwedeln. Viele bleiben auch im Winter grün, und jede Art hat ihre besondere Schönheit.

Moospolster kann man leicht vom Boden abheben und in ein Terrarium verpflanzen – man muß nur soviel vom Untergrund mitnehmen, daß die Wurzelfasern nicht abreißen. Sie brauchen einen schattigen Platz und viel Feuchtigkeit.

Wie alle Pflanzen, haben auch die Moose botanische Namen, die der lateinischen oder griechischen Sprache entnommen sind. Nur die bekanntesten Arten haben volkstümliche Namen, wie das Federmoos, das Nadelkissenmoos, das Frauenhaarmoos und einige andere, die durch besondere Eigentümlichkeiten auffallen.

Moose sind heute nur bescheidene Glieder des Pflanzenreiches, einmal hatten sie jedoch eine bedeutende Rolle, weil sie die Erde für tierisches Leben bewohnbar machten.

Zu allererst hatten ganz primitive, algenähnliche Pflanzen an feuchten Plätzen das Land besiedelt und im Laufe langer Zeiträume dünne Schichten fruchtbarer Humuserde gebildet, auf der sich dann die Moose entwickeln konnten. Indem sie die fruchtbare Erde weiter vermehrten, bereiteten die Moose den Boden für die sich später entwickelnden höheren Pflanzen und wurden mit diesen zusammen die Nahrungsgrundlage für tierisches Leben.

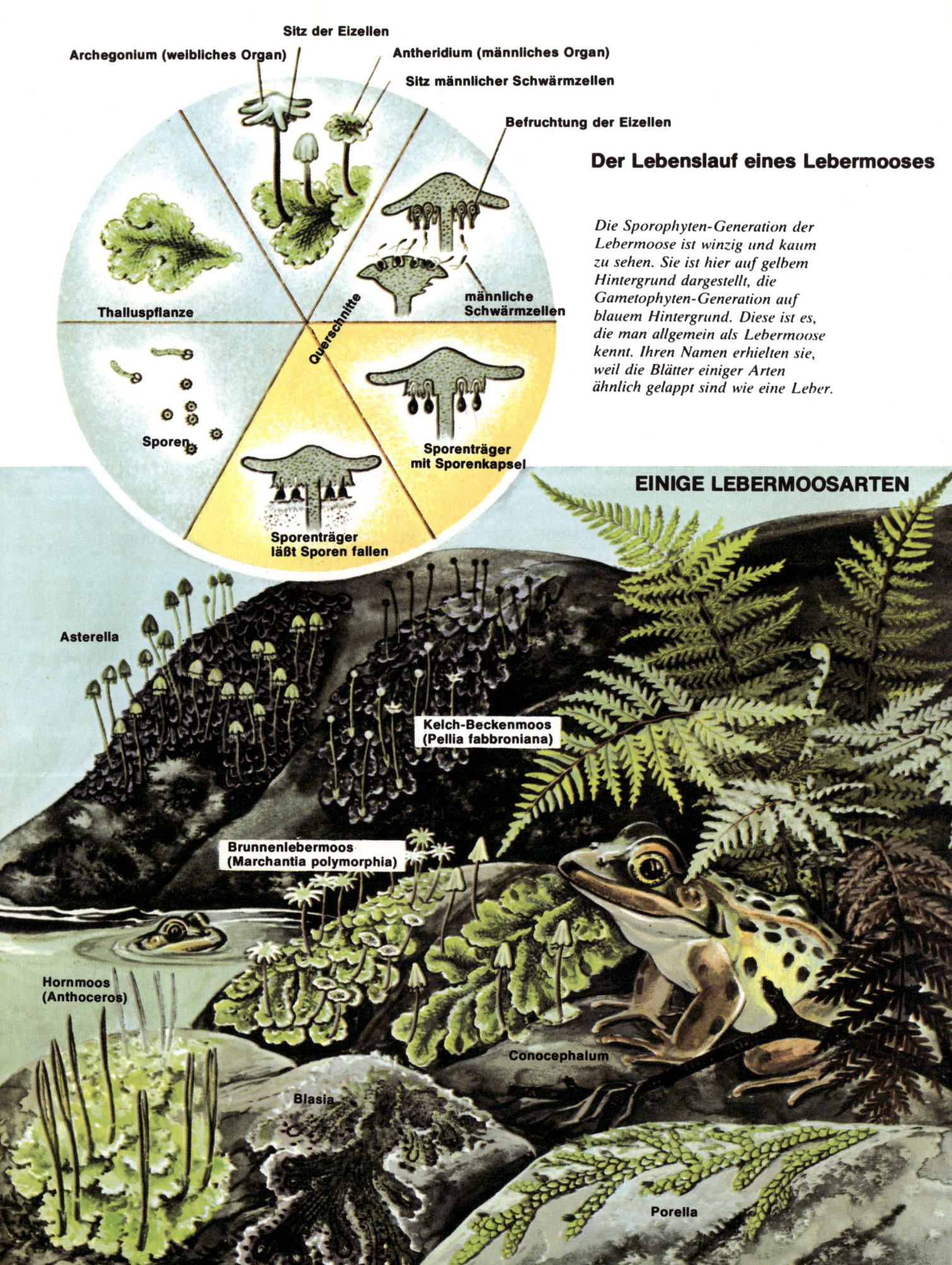

Sitz der Eizellen

Archegonium (weibliches Organ)

Antheridium (männliches Organ)

Sitz männlicher Schwärmzellen

Befruchtung der Eizellen

Der Lebenslauf eines Lebermooses

Die Sporophyten-Generation der Lebermoose ist winzig und kaum zu sehen. Sie ist hier auf gelbem Hintergrund dargestellt, die Gametophyten-Generation auf blauem Hintergrund. Diese ist es, die man allgemein als Lebermoose kennt. Ihren Namen erhielten sie, weil die Blätter einiger Arten ähnlich gelappt sind wie eine Leber.

Thalluspflanze

Querschnitte

männliche Schwärmzellen

Sporen

Sporenträger mit Sporenkapsel

Sporenträger läßt Sporen fallen

EINIGE LEBERMOOSARTEN

Asterella

Kelch-Beckenmoos (Pellia fabbroniana)

Brunnenlebermoos (Marchantia polymorphia)

Hornmoos (Anthoceros)

Blasia

Conocephalum

Porella

Schlafmoos
(Hypnum chrysophyllum)

Tamarisken-Thujamoos
(Thuidium)

Goldenes Frauenhaar (Polytrichum)

Besenmoos (Dicranum scoparium)

Thujamoos (Thuidium)

Straußenfedermoos
(Ptilium crista-castrensis)

Ordenskissen oder Weißmoos (Leucobrium)

Drehmoos (Funaria)

Ein Sporophyt
beginnt zu wachsen

reifer Sporophyt

Sporen

keimende Sporen

junge Gametophyten

weibliche Pflanzen

Archegonium
(Eizellen)

Spermen (schwärmende Keimzellen)

Antheridium (männliche Keimzellen)

Echte Moose und ihr Lebenslauf

männliche Pflanze

junge Gametophyten

Die Lebermoose besitzen gegenüber den echten Moosen eine augenfällige Besonderheit: sie bilden weder Stengel noch Blätter, sondern bestehen nur aus einem lappigen oder schalenförmigen, flach auf dem Boden liegenden Pflanzenkörper, dem „Thallus". Die echten Moose besitzen dagegen wohlausgebildete Stengel und Blätter mit einer Blattrippe und zeigen nie lappige Unterteilungen.

Was unterscheidet die Lebermoose von den echten Moosen?

Es gibt hier und da Pflanzenteile, deren Formen an menschliche Organe erinnern. In der Heilkunst glaubte man früher, daß solche Pflanzen Heilkräfte für diejenigen menschlichen Organe besäßen, denen sie ähneln.

Dienten Moose auch als Heilpflanzen?

Einige Lebermoose besitzen nun lappige Unterteilungen, die zusammen mit der glatten Oberfläche an eine menschliche Leber erinnern können. Und so glaubte man früher, daß sie Leberbeschwerden heilen könnten.

Das „Frauenhaarmoos" bekam seinen Namen, weil es tatsächlich an dichtes, blondes Haar erinnert. Aus ihm wurde ein Absud bereitet, mit dem die Frauen und Mädchen ihre Haare wuschen; sie sollten davon schöner werden und kräftiger wachsen.

Heute wissen wir natürlich, daß die äußerliche Ähnlichkeit einer Pflanze mit einem menschlichen Körperteil noch längst nicht für Heilwirkung bürgt.

Die meisten Moosarten bleiben für den Menschen ungenutzt; aber einige Arten sind doch für verschiedene Zwecke brauchbar. Das Torfmoos ist ausgesprochen nützlich. So wurden und werden in nördlichen Ländern Waldmoose, mit Lehm vermischt, zum Abdichten der Ritzen und

Sind Moose nützlich?

Goldenes Frauenhaar
(Polytrichum)

Torfmoos (Sphagnum)

Torf kann als Feuerung benutzt werden

38

Baumstämme sind nicht selten auf der Nordseite bemoost, dort, wo sie nicht von der Sonne erreicht werden. Meistens sind es jedoch Algen, die sich bei genügender Feuchtigkeit dort ansiedeln. Sie sind auch nicht nur an der Nordseite zu finden, sondern überall da, wo die Baumrinde ein Mindestmaß an Feuchtigkeit halten kann; in nebelreichen Gegenden ist das manchmal nach allen Seiten hin möglich.

Spalten von Blockhäusern verwendet. Die Lappländer benutzen Moos, um Kissen damit zu stopfen. In manchen Ländern werden mit üppigen, langstieligen Moosen Töpferwaren verpackt. Einige Moosarten werden getrocknet und gefärbt und für Dekorationszwecke verwendet.

Dem Wild dient das Moos im Winter als Notnahrung.

Am wichtigsten sind jedoch die Torfmoose, von denen die großen Torfmoore gebildet werden. Ihre blassen, schwammartigen Blättchen können viel Wasser aufnehmen und festhalten. Wie ein weicher Teppich überziehen sie feuchte Gründe und moorige Flächen. Die einzelnen Moospflanzen wachsen ständig nach oben hin weiter; die unteren Teile sterben ab, verwesen aber nicht vollständig, sondern verwandeln sich allmählich in Torf. So wächst das Moos im Laufe langer Zeiträume ständig nach oben und erhebt sich schließlich um mehrere Meter über seine Umgebung: ein Hochmoor ist entstanden. An seinen Rändern ist es abgeflacht, weil die Pflanzen dort stärker austrocknen.

Es gibt Torfmoore, in denen Jahrtausende hindurch immer neue Schichten des abgestorbenen Mooses zu gewaltigen Torflagern angewachsen sind. Der braunkohlenähnliche ältere Torf aus den unteren Schichten dient als Brennstoff. Der helle Torf der oberen Schichten wird als saugfähige Unterlage für Babybetten aufbereitet. Vor allem aber benutzen Gärtner und Landwirte den zerkleinerten Torf, um mit seiner wasserhaltenden Kraft den Boden zu verbessern. Es werden auch Pflanzen darin verpackt, die verschickt werden sollen.

Die Moose gehören zur natürlichen Bodenbedeckung und sind darum von großer Bedeutung für die Bildung und Erhaltung des Mutterbodens. Sie überwachsen Steine und Felsen und dringen mit ihren Haarwurzeln in feinste Ritzen und Spalten ein. Sie sondern schwache Säuren ab, die das Gestein lockern, so daß Wasser eindringen kann; wenn das Wasser im Winter gefriert, sprengt es mit der Ausdehnungskraft des Eises das Gestein. So tragen die Moose zur Verwitterung bei, und aus dem Verwitterungsschutt

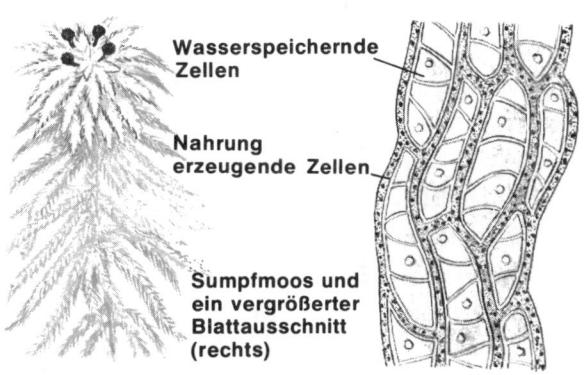

Wasserspeichernde Zellen

Nahrung erzeugende Zellen

Sumpfmoos und ein vergrößerter Blattausschnitt (rechts)

zusammen mit abgestorbenen Moosteilchen entsteht ständig neue, feinkörnige Erde, in der sich schließlich größere Pflanzen ansiedeln können.

Moose können rasch große Wassermengen aufnehmen, geben sie aber nur langsam wieder ab; sie verhindern so, daß der Boden zu schnell austrocknet, und sie schützen ihn auch davor, ausgewaschen und fortgespült zu werden.

Die Moospflanze gleicht einem Bäumchen

<table>
<tr><td>

Wie vermehren sich Moose?

</td><td>

chen mit einem geraden, unverzweigten Stamm, der von unten bis oben mit Blättern bedeckt ist. An

</td></tr>
</table>

den oberen Blättern bildet die Pflanze nun zwei verschiedene Arten von

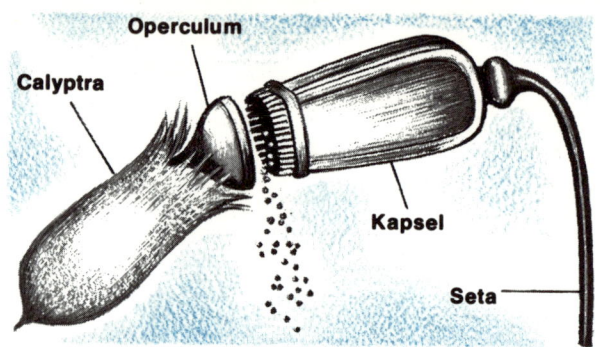

Frucht (Kapsel) auf grünem Stengel (Seta) mit der haarigen Kappe (Calyptra) und dem Deckel (Operculum)

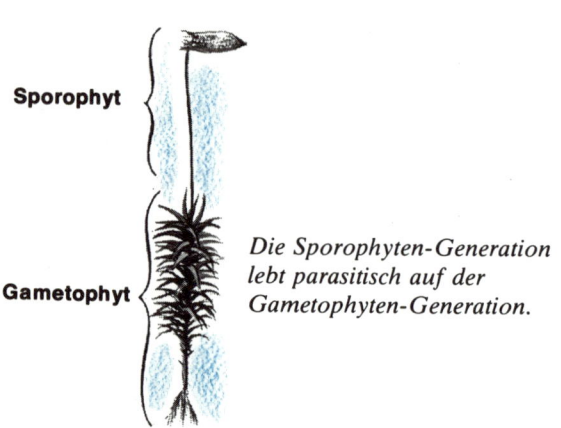

Die Sporophyten-Generation lebt parasitisch auf der Gametophyten-Generation.

auf sitzt ein hübsches, knospenartiges Früchtchen von der Größe eines Weizenkorns. Unter einer faserigen, glokkenförmigen Schutzkappe verbirgt es eine viereckige Fruchtkapsel. Sie enthält zahllose winzige, einzellige Sporen, die so klein sind, daß man sie ohne Lupe gar nicht sehen kann.

Wenn die Sporen reifen, neigt sich die Frucht zur Seite, die Fruchtkapsel schrumpft, und die Schutzkappe löst sich ab. Noch ist der Sporenbehälter jedoch dicht: ein runder Deckel mit einer Spitze – er gleicht einer winzigen Pickelhaube – verschließt ihn fest. Bald wird dieser Deckel abgeworfen, und die Sporen fallen heraus, jedoch nur bei trockenem Wetter. Bei Regen wird die Öffnung durch 64 stumpfe, nach innen geschlagene Zähnchen verschlossen, so daß keine Spore mehr hinaus kann. Bei trockenem Wetter aber richten sich die Zähnchen nach außen, und die Sporen können hindurchfallen.

Keimzellen für die Vermehrung aus: große, unbewegliche Eizellen und winzige, bewegliche Samenzellen, die bei Regenwetter oder im Morgentau, wenn die Moospflanze vom Wasser überzogen ist, mit Hilfe eines hin- und herschlagenden Schwänzchens ausschwärmen, um sich mit einer Eizelle zu vereinigen. (Illustration siehe S. 37) Diese Moospflanze ist die geschlechtliche Generation, der „Gametophyt" oder Keimzellenträger. Aus der Vereinigung der beiden verschiedenen Keimzellen entsteht nun der „Sporophyt", der Sporenbildner, die ungeschlechtliche Generation.

Sie wächst zwischen den obersten Blättern des Moosbäumchens als ein dünner Stiel empor, erst glänzend grün, später goldbraun werdend. Dar-

Draußen erfaßt der Wind die Sporen und trägt sie davon, bis sie irgendwo wieder zu Boden fallen. Einige Sporen erreichen dabei einen günstigen Platz

Fadenartige Ausläufer (Protonema) mit Knospen (Gemmae)

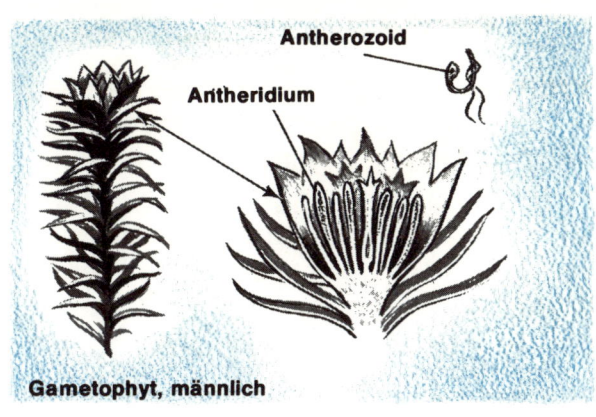

Antherozoid
Antheridium
Gametophyt, männlich

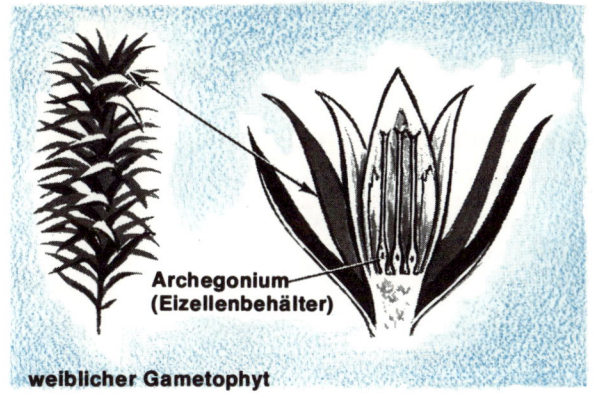

Archegonium
(Eizellenbehälter)
weiblicher Gametophyt

— feucht und schattig —, an dem sie sich entwickeln können. Jede Spore enthält Nahrungsvorrat für die junge Pflanze, um sie ausreichend zu versorgen, bis sie eigene Wurzelfäden ausgebildet hat. Wenn das Sporenstäubchen feucht wird, schwillt es an, sprengt schließlich seine Hülle und treibt einen grünen, fadenartigen, verzweigten Wurzelstrang. Einige Teilchen wachsen aufrecht, andere senken sich in den Boden. Einige dieser Ausläufer entwickeln Knospen, aus denen nun wieder die bekannten beblätterten Moosbäumchen wachsen. Aus den äußeren Zellen der Knospen bilden sich die Blättchen, aus den inneren der Stamm; die untersten entwickeln sich zu wurzelartigen Fäden, von denen sich einige im Boden verankern, andere als feines grünes Gespinst über dem Boden ausbreiten. Sie versorgen die Moospflanze mit Wasser und Nährstoffen, die durch längliche, faserige Zellen im Innern der Stämmchen an alle Teile der Pflanze weitergeleitet werden. Ist die Pflanze erwachsen, so verschwindet das Gespinst aus Wurzelfäden.

Die Fortpflanzungsorgane der Moose sitzen, teilweise von Blättern umhüllt, an der Spitze der Moosstämmchen. Bei einem Teil der Pflanzen sind es gelbliche, sternförmig gezackte Schalen, die oft zu mehreren untereinander sitzen. Sie ähneln richtigen Blüten, enthalten im Innern jedoch nur keulenförmige

Fäden, in denen sich die zahllosen geschwänzten Samenzellen bilden. Die weiblichen Eizellen befinden sich zwischen knospig zusammengelegten Blättern in flaschenförmigen Röhrchen. Wenn das Ei zur Befruchtung reif ist, öffnet sich die Röhre. Sie scheidet einen süßlichen, klebrigen Saft aus, der die schwärmenden Samenzellen anlockt und sie in den Flaschenhals eindringen läßt. Die Samenzelle, die die Eizelle erreicht, verschmilzt mit ihr. Jede so befruchtete Eizelle beginnt nach einiger Zeit, sich fortgesetzt zu teilen und bildet einen großen Verband von Zellen, ein Zellgewebe. Daraus entwickelt sich nun ein drahtiger, blattloser Stengel mit der Sporenkapsel an der Spitze. Diese aus der befruchteten Eizelle neu entstandene Pflanze bleibt nun weiter an ihrem Ursprungsort an der Spitze der Mutterpflanze und läßt sich von ihr ernähren. Die inzwischen braun gewordenen Blätter unten am Moosstämmchen sterben ab; oben sitzen dicht an dicht lange, schmale, grüne Blätter mit scharfen Spitzen. Bei heißem, trockenem Wetter legen sie sich eng an den Stamm und drehen sich zopfartig zusammen; auf diese Weise sind sie am besten gegen Feuchtigkeitsverlust geschützt.

Bei feuchter Witterung dagegen strecken sie sich bogenförmig, so daß die Blattspitzen nach unten zeigen; dadurch kann eine möglichst große Blatt-

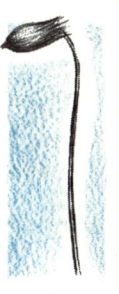

Die neue sporenbildende Pflanze (Sporogonium)

fläche von Licht und Luft erreicht werden.

Ist nun die Sporenträgerpflanze ausgereift, dann schüttet sie ihre Sporen aus, die vom Wind erfaßt und weithin verstreut werden.

Moose sind im allgemeinen kleine Pflanzen, die

Wie und wo wachsen Moose?

höchstens 15 cm hoch werden. Die meisten Arten besitzen richtige runde Stämmchen und Blätter. Jede Art hat sich besonderen Umweltbedingungen angepaßt und gedeiht nur dort, wo sie diese vorfindet. Die meisten Moose sind Landpflanzen; sie kommen hauptsächlich in Wäldern vor. In Flüssen und Teichen findet man auch Wassermoose, niemals aber im Salzwasser.

Einige Moosarten wachsen auf lebenden Bäumen. In kühl-feuchten, schattigen Wäldern wächst das Federmoos. Manche Arten gedeihen besonders auf alten, faulenden Baumstümpfen in Sumpfwäldern, während andere vorwiegend an feuchten Felsen zu finden sind.

Sie wachsen auf Mauern, auf Brunnenrändern, selbst auf alten Dächern — dort besonders auf der Nordseite. Manche findet man auch auf offenen, sonnigen, trockenen Plätzen, an Feldrändern, auf Wiesen oder steinigem Ödland. Einige Moose gedeihen nur im Tiefland, andere nur weit oberhalb der Baumgrenze im Hochgebirge.

Die Moose überdauern auch ungünstige Witterung; sie halten es im Winter unter einer dicken Schneedecke ebenso aus wie in der Hitze des Hochsommers. Doch brauchen sie immer wieder längere Regenperioden, damit ihr Blattgrün arbeiten kann. Ihre Faserwurzeln reichen ja nicht tief, und sie können auch nicht über längere Zeit

Wasser speichern wie die Wüstenpflanzen. In Trockenzeiten müssen sie ihr Wachstum einstellen. Sie rollen dann ihre Blätter ein und geben in dieser Form wenig Feuchtigkeit ab.

Das Blattgrün der Moose ist gegen zu starke Sonnenbestrahlung empfindlich; es trocknet aus und stirbt ab. Andererseits darf es auch nicht zu wenig Licht bekommen, sonst vergilbt es und wird nutzlos für die Ernährung der Pflanze. Die Moose besitzen aber die Fähigkeit, ihr Blattgrün an die Stelle wandern zu lassen, die jeweils am günstigsten belichtet wird. Chlorophyllzellen, die zu stark dem Licht ausgesetzt sind, werden außerdem von einer Schutzschicht aus großen, farblosen Zellen umgeben, die bei längerer Trokkenheit lichtundurchlässig werden und dem Moos eine braune oder graue Färbung verleihen. Wird es wieder gut durchfeuchtet, so werden auch diese Schutzzellen wieder durchsichtig, und das Moos sieht wieder grün aus.

Diese seltsamen Anpassungserscheinungen kann man gut zu Hause beobachten, wenn man Moospolster erst austrocknen läßt und dann wieder in eine Schale mit Wasser setzt. Man sollte dabei auch einmal die Blätter mit der Lupe betrachten.

Auf feuchten Wiesen wächst das schon erwähnte Torfmoos, aber auch in Sümpfen und in Wäldern mit hohem Grundwasserstand; an seichten Gewässern findet man es ebenfalls. Dies Moos hat hellgrüne, sternförmig angeordnete Blätter, die bei Trockenheit wie gebleicht erscheinen. Da es an seiner Spitze ständig weiterwächst, bildet es bald einen dicken, federnden Teppich, der die Wasserfläche immer mehr einengt und schließlich überdeckt. Die Jahr für Jahr absterbenden Schichten füllen allmählich das ganze Gewässer und bilden einen schwarzen, federnden Boden. Das lockere, schwammige

trocken

feucht

Torfmoos kann eine Menge Wasser aufsaugen und festhalten – etwa das Zweihundertfache seines Eigengewichts!

Die einfachen Blätter besitzen nur eine

Die Blattformen der Moose

Zellschicht; nur die Mittelrippe und die Ränder sind verstärkt. Es gibt nadelartig dünne Blätter, aber auch breite und flache; manche Blätter sind dick und rund, andere fadenförmig. Es gibt Arten mit glattem, aber auch solche mit gezähntem Blattrand. Andere haben eine Randverstärkung aus kräftigen, grünen Zellen, die anders gebaut sind als die aus der Blattmitte. Moosblätter sind jedoch nie gelappt oder tief eingeschnitten.

Wie die Form der Blätter, ist auch ihre Stellung unterschiedlich: flach ausgebreitet, nach oben gerollt oder nach unten, manchmal auch gedreht. Die Blätter können einen Zentimeter lang sein und mehr; andere Moose haben Blätter, die so klein sind, daß man sie mit bloßem Auge kaum erkennt. Meistens wachsen sie rund um den Stamm herum. Manchmal überdecken sie sich gegenseitig, so daß man die Form des einzelnen Blättchens erst entdecken kann, wenn man sich näher mit der Pflanze befaßt. Entweder entspringen die Blätter dem Stamm ohne jeden Übergang, oder sie bilden Blattscheiden, die ein Stück am Stengel herablaufen. Die Zellen am Blattgrund sind manchmal verstärkt, durchsichtig oder goldbraun durchwirkt.

Die langen, schlanken Blätter des Federwisch-Mooses drehen sich seitwärts, so daß die Moospflanze wie ein Federwisch aussieht. Das Wellmoos hat schlanke Blätter, die sich bei Trockenheit aufrollen. Das Federmoos erinnert an Straußenfedern, das Farn-

moos – wie der Name sagt – an ein Farnkraut. Bei einigen Moosen haben die Blätter nur eine einfache Mittelrippe, bei anderen eine doppelte; einige besitzen überhaupt keine. Die Mittelrippe kann einfach oder gegabelt sein, schmal oder breit, sich über die ganze Blattlänge erstrecken oder nur über einen Teil. Die Blattzellen sind manchmal verlängert und sechseckig, manchmal spindelförmig; teils sind sie glatt, teils besitzen sie haarartige Fortsätze.

Blattspitze, vergrößert

So gibt es allein an den Blättern viele Unterscheidungsmerkmale, an denen man die einzelnen Moosarten erkennen kann.

Mittelrippe

Die Stämme der verschiedenen Moos-

Formen von Stämmen, Früchten und Sporen

arten sind von unterschiedlicher Länge; manchmal fehlen sie auch ganz. Sie können viel, wenig oder gar nicht verzweigt sein. Der Hauptstamm wächst entweder kriechend oder aufrecht.

Zellen

Querschnitt durch ein Blatt

Unterschiedlich sind auch die Fruchtkapseln, die auf gelblichen oder rötlichen Stielen sitzen. Sie sind gerade oder gekrümmt oder abgewinkelt. Manche Kapseln bleiben glatt, andere werden runzlig oder schrumpfen bei Trockenheit. Die äußere Hülle der Kapsel kann hutartig sein oder geschnäbelt; manchmal ist sie auch gefranst. Bei einigen Moosen ist die Kapsel ohne Verschluß, bei anderen öffnet sie sich erst allmählich. Der rötlich-gelbe, gefranste Ring, der die Kapsel umgibt, kann einfach oder doppelt sein; er ist gleichmäßig oder unregelmäßig oder gar nicht gezähnt. Bei feuchter Witterung schließen sich die Zähnchen fest zusammen, so daß die Sporen nicht herausgespült werden können. Ist der Regen vorbei, gehen sie wieder aus-

trocken

feucht

Katharinenmoos (Atrichum undulatum)

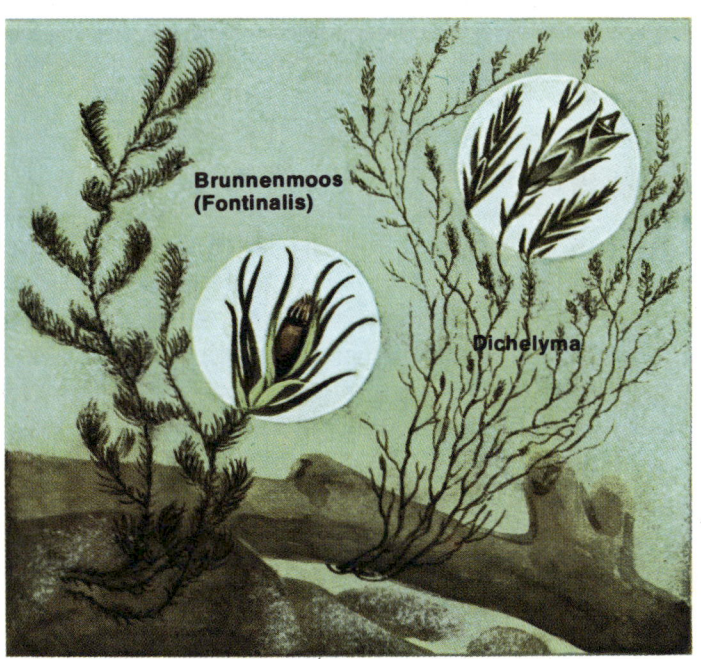

Anis-Champignon

Violetter
Ritterling

Neckera

Wolfsfuß
(Anomodon)

Brunnenmoos
(Fontinalis)

Dichelyma

Einige Moose wachsen an lebenden Bäumen

Nur wenige Moose leben in stehenden oder fließenden Gewässern

Es lohnt sich, bei Wanderungen durch unsere Wälder die Augen offen zu halten. Man kann dabei manche der Pflanzen entdecken, von denen hier berichtet wurde.

Wenn auch viele Moosarten bei oberflächlicher Betrachtung kaum zu unterscheiden sind, wird eine genauere Untersuchung allerlei verschiedene Blattformen erkennen lassen. Unten: Einige Moosarten, daneben jeweils vergrößerte Einzelblätter.

Fissidens

Eurhynchium

Haarmützenmoos (Polytrichum)

Mauerbartmoos (Tortula muralis)

Weisia

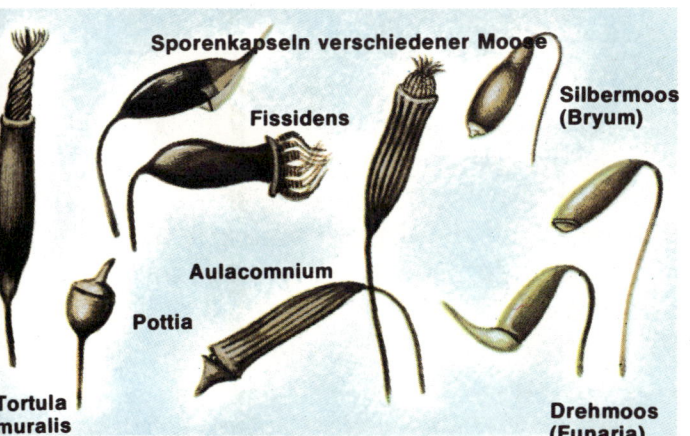

Sporenkapseln verschiedener Moose

Fissidens

Silbermoos (Bryum)

Aulacomnium

Pottia

Tortula muralis

Drehmoos (Funaria)

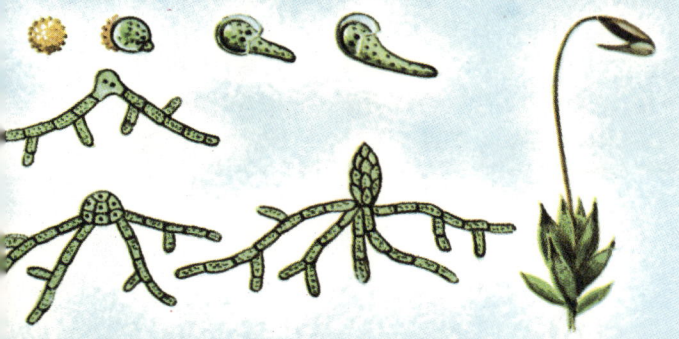

Alle Kapseln enthalten Sporen. Ein Blick durch das Vergrößerungsglas oder das Mikroskop wird jedoch zeigen, daß es große Unterschiede in Größe, Form und äußerem Aussehen gibt. Links: Die Entwicklung einer Funaria von der Spore zum Moos.

45

einander, biegen sich nach außen und geben so die Sporen wieder frei.

Man sollte solche Moos-Fruchtstände einmal näher betrachten: die Anordnung der Blätter unterhalb des Fruchtstiels, ihre Farbe, den Randsaum und den Ansatz am Stamm. Zupfe daran, um festzustellen, wie der Fruchtstiel am Stamm verankert ist. Auch die Kapselhülle, die Sporenkapsel selbst und die Art ihres Verschlusses sind der Beachtung wert.

Die Sporen der verschiedenen Moosarten unterscheiden sich ebenfalls nach ihrer Größe und äußeren Beschaffenheit: sie sind entweder glatt, stachlig, gekörnt oder gefeldert.

Die verzweigten, sich kriechend ausbreitenden Moospolster können handgroß sein, aber auch fast einen Quadratmeter bedecken. Die Haarwurzeln sind entweder bräunlich oder farblos. Bei einigen Moosarten, wie zum Beispiel beim Haarschopfmoos, wachsen weibliche und männliche Fruchtbüschel auf getrennten Stämmen; bei anderen finden sie sich nebeneinander auf gleichem Stamm. Männliche Keimzellen sitzen entweder mit weiblichen regellos durcheinander, getrennt in besonderen Büscheln oder entwickeln sich irgendwo zwischen den Blättern der Stämmchen.

Moose vermehren sich auf verschiedene Weise. An trockenen Plätzen bilden sie oft keine Sporen. Statt dessen trägt der Wind abgebrochene Blättchen oder Stengelteile fort, die unter günstigen Umständen anderswo Wurzeln schlagen und bei ausreichender Feuchtigkeit neue Moospolster entwickeln.

Man kann das selber beobachten, wenn man ein Moosblättchen in ein

Wie lange können Moose leben?

Berg-Farnmoos (Hylocomium)

Schälchen mit Wasser legt — es werden sich bald feine grüne Fäden entwickeln, die Knospen treiben und eine neue Moospflanze hervorbringen können.

Einige Moose sind kurzlebig; sie entstehen immer neu aus Sporen. Die meisten überdauern jedoch viele Jahre, selbst Jahrzehnte, indem sie alljährlich an der Spitze einen neuen Trieb entwickeln, während der vorjährige abstirbt (wie beim Torfmoos); oder sie erneuern sich regelmäßig auf unterirdisch kriechenden Stämmen.

Wie viele Moos-Arten gibt es?

Etwa 5000 Moos-Arten sind genau bestimmt; es gibt aber noch sehr viele wenig bekannte Arten. Insgesamt mag es etwa 20 000 Moos-Arten geben. Sie treten in zwei Hauptgruppen auf: Die „Acrocarpus"-Arten, zu denen die meisten bekannten Moose gehören, wachsen aufrecht und erzeugen ihre Sporen an der Spitze der Triebe; wenig oder gar nicht verzweigt, bilden sie dichte Polster.

Die „Pleurocarpus"-Arten dagegen haben farnartig gefiederte Verzweigungen; ihre Stämme wachsen teils liegend oder schräg aufwärts, teils aufrecht. Die Sporenträger-Generation entwickelt sich auf kurzen Seitentrieben. Mit ihrer reichen Verzweigung bilden sie manchmal dicht verflochtene Matten.

Manche Moose kommen fast überall vor und wachsen in großen Mengen; andere sind selten und nur an wenigen Stellen zu finden. In der Größe sind sie ebenfalls recht verschieden, von wenigen Millimetern bis zu einem halben Meter Höhe.

Das gefiederte Farnmoos zeigt sich als niedriger, schuppiger Überzug auf Steinen oder Bäumen, auch auf bloßem Erdboden. Seine winzigen Blättchen überdecken einander und ähneln Lärchennadeln. Das Sternmoos, das bis zu 7 cm hoch wird, besitzt röhrenförmige Sporenbehälter und glänzend grüne Blätter, die wie Blütenblätter aussehen. Alle Moose sind grün, da sie ja Chlorophyll enthalten; aber das Grün ist häufig durch andere Farben – Weiß, Blau, Goldbraun, Gelb oder Rot – überdeckt oder verändert. Das Torfmoos zum Beispiel ist blaßgrün, fast weißlich, aber die Spitzenblätter sind rötlich getönt. Das Nadelkissen-Moos bildet rundliche Polster von Handtellergröße bis zu fast einem Meter Durchmesser. Bei feuchtem Wetter ist

Diese Dinge braucht man, wenn man Moose sammeln und näher betrachten will.

es weich und graugrün, in Trockenzeiten aber wird es spröde und fast farblos grau-weiß; deshalb wird es auch Weißmoos genannt.

Es gibt auch einige seltsame Gestalten wie das Koboldmoos (Buxbaumia aphylla). Es gleicht einem umgekehrten Pantoffel auf völlig blattlosem Stengel. Einige Blasenmoose sitzen als stengellose Zäpfchen am Boden, umgeben von haarähnlichen Blättern. Die winzige Kapsel des Ephemerum-Mooses, nur wenige Millimeter groß, ist in grob gezähnte Blätter wie ein Blumenkohl eingehüllt. Bei einigen Bäumchenmoosen (Climacium-Arten) sitzen die Blätter nur an der Spitze des Stengels, so daß sie winzigen Palmen gleichen.

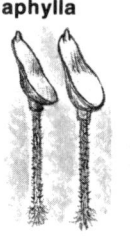

Buxbaumia aphylla

Wie kann man Moose sammeln, präparieren und untersuchen?

Man nimmt irgendeinen passenden Behälter, etwa eine Tragetasche aus Papier, dazu eine Lupe und ein Messer mit nicht zu kurzer Klinge.

So ausgerüstet, sammelt man die Moosarten, die man untersuchen will, in mehreren Exemplaren und verpackt sie vorsichtig in weichem Papier, notiert dazu auch Datum und Fundort.

Für die Untersuchung braucht man ein Mikroskop, feine Pinzetten, zwei Mikroskopiernadeln, Objektträger und Deckglas, ferner etwas Wasser und verdünntes Glyzerin.

Kann man die Untersuchung nicht sofort vornehmen, legt man jede Moospflanze zwischen zwei Löschblätter und beschwert das Ganze mit einem Gewicht. Nachdem sie gepreßt und getrocknet sind, verwahrt man jede Art in einem großen, mit entsprechender Aufschrift versehenen Umschlag. Will man sie dann später bearbeiten, entnimmt man mit einer Pinzette einen kräftigen Moosstengel mit Kapsel und weicht ihn zunächst in Wasser ein, bis er frisch erscheint, oder taucht ihn kurz in siedendes Wasser. Nun legt man ihn auf einen dünnen Glasstreifen (Objektträger) und betrachtet ihn durch

Blasenmoos (Diphiscium sessile)

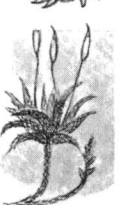

Climacium

Sternmoos (Mnium)

Zwergmoos (Ephemerum)

das Mikroskop. Dann faßt man mit der Pinzette den Stengel an der Spitze und schabt mit einem Messerchen einige Blättchen auf die Unterlage, entfernt den Stiel und legt das Deckglas über die Blättchen. Nun kann man sie durch das Mikroskop studieren. Ebenso untersucht man die Kapsel. Man zieht vorsichtig den Deckel ab, um festzustellen, ob er einen Ring besitzt. Dann schneidet man das Oberteil der Kapsel ab und teilt das ringförmige obere Ende in zwei oder mehrere Teile. Eines davon legt man auf die Außen-, ein anderes auf die Innenseite, legt das Deckglas auf und schiebt es unter das Mikroskop. Damit das Studienobjekt nicht trocken wird, bringt man einen

Tropfen verdünntes Glyzerin an eine Ecke des Deckglases, etikettiert dieses und bewahrt es in einer Schachtel auf. Wir hoffen, daß unsere Leser an den Pilzen, Farnen und Moosen soviel Interesse gewonnen haben, daß sie die Beobachtung dieser Pflanzen zu ihrem Hobby machen. Pilze, Farne und Moose sind von allen Landpflanzen die älteste Form pflanzlichen Lebens. Betrachten wir noch einmal das Kartenbild auf den Seiten 4—5. Unvorstellbar viel Zeit ist vergangen, seit die erste Meerespflanze sich auf kahlem Fels behauptete – bis zu dem Augenblick, in dem einer unserer Leser sich niederbeugt, um einen ihrer Abkömmlinge für seine Sammlung zu pflücken.

Nelkenmoos

Rentiermoos

Spanisches Moos

In der Umgangssprache werden etliche kleine Kräuter als „Moos" bezeichnet, die mit den echten Moosen gar nichts zu tun haben. Das „Schlangenmoos" z.B. ist ein Bärlappgewächs; das Rentiermoos (Cladonia rangiferina), das im hohen Norden riesige Flächen bedeckt, ist eine feinverzweigte, graugrüne Flechte. Sie ist die Hauptnahrung der Rentiere. Das „Spanische Moos" (Tillandia usneoides) ist ebenso wenig ein Moos wie das manchmal so genannte „Nelkenmoos" (phlox subulata) – beide sind Blütenpflanzen; die erstere wächst in Florida auf den Ästen immergrüner Eichen, die letztere ist eine in Steingärten oft anzutreffende Gebirgspflanze. Das englische Carrageen-Moos ist ein eßbarer Seetang (Knorpeltang) – gebleicht, wird er als „Irisches Moos" gehandelt. Volkstümliche Namen sind nicht selten irreführend. Sie gehen oft nur auf die zufällige Ähnlichkeit einzelner Merkmale einer Pflanze mit anderen Pflanzen zurück. Wenn man sicher gehen will, benutzt man die botanischen Bezeichnungen, die der lateinischen (oder auch griechischen) Sprache entnommen sind, und überzeugt sich durch genauere Betrachtung von den Merkmalen, die für die Zugehörigkeit zur Moosfamilie entscheidend sind.

WAS IST WAS · BAND 33
PILZE FARNE UND MOOSE

WAS IST WAS · BAND 34
WÜSTEN

WAS IST WAS · BAND 35
ERFINDUNGEN die unsere Welt veränderten

WAS IST WAS · BAND 36
Die POLARGEBIETE

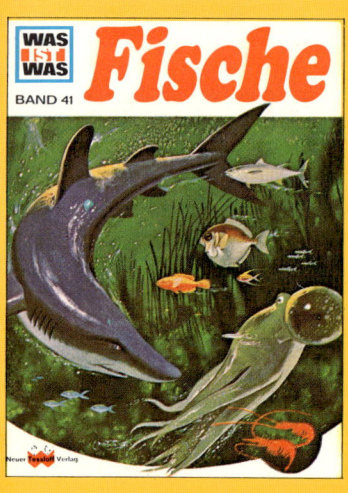

WAS IST WAS · BAND 41
Fische

WAS IST WAS · BAND 42
Indianer

WAS IST WAS · BAND 43
Schmetterlinge

WAS IST WAS · BAND 44
Das Alte Testament

WAS IST WAS · BAND 49
Leichtathletik

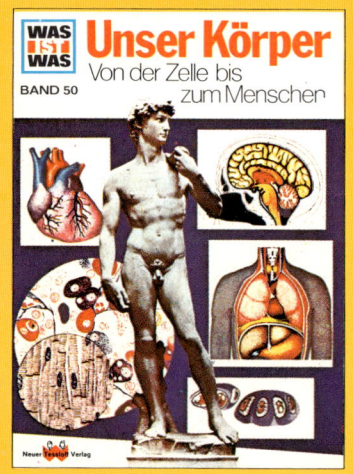

WAS IST WAS · BAND 50
Unser Körper Von der Zelle bis zum Menschen

WAS IST WAS · BAND 51
Muscheln und Schnecken

WAS IST WAS · BAND 52
Briefmarken

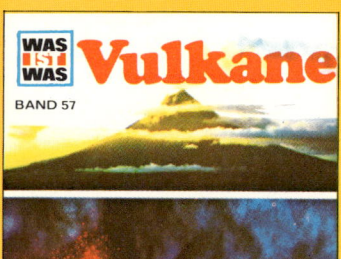

WAS IST WAS · BAND 57
Vulkane

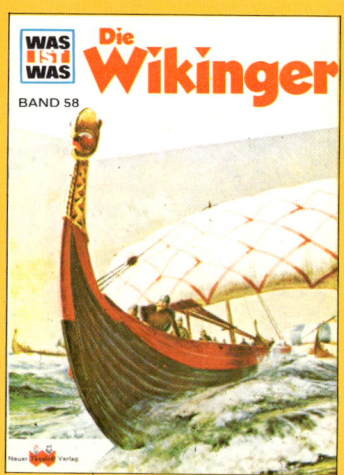

WAS IST WAS · BAND 58
Die Wikinger

WAS IST WAS · BAND 59
Katzen

WAS IST WAS · BAND 60
Die Kreuzzüge